D1942518

Peter Hollmann

Der Hamster

Artgerecht halten

Gesund ernähren

Richtig verstehen

Fotos: Karin Skogstad

Zeichnungen: Renate Holzner

INHALT

1 Sich vor der Anschaffung informieren

Wo Hamster zuhause sind 8
Die Heimat der Hamster 8
Hamster als Heimtiere 9
Der biologische Steckbrief des Hamsters 11

Paßt ein Hamster in Ihr Leben? 12
Hamster sind Wildtiere geblieben 12
Ein Tier zum Beobachten 13
Entscheidungshilfe 14
Zu wem ein Hamster paßt 16
Kinder und Hamster 16

Überlegungen vor der Anschaffung 18
Einzel- oder Paarhaltung? 18
Männchen oder Weibchen? 21
Wer betreut den Hamster im Urlaub? 23

Rechtsfragen zur Hamsterhaltung 24
Mietrecht 24
Kaufvertragsrecht 24
Tierhalterhaftung 25

Ratschläge zum Kauf 26
Gesundheitscheck 28
Zeitpunkt des Kaufs 29
Heimtransport 31
Die verschiedenen Rassen 34

2 Richtig halten und pflegen

Was der Hamster alles braucht 44
Käfigstandort 44
Der richtige Käfig 44
Sinnvolles Zubehör 49
Die Wohnung »hamstersicher« machen 57
Freilauf in der Wohnung 58

Gesunde Ernährung 60
Die Ernährung des Hamsters 62

Die Pflege des Hamsters 70
Pflege von Käfig und Zubehör 70

Gesundheitsvorsorge und Krankheiten 72
Krankheitsanzeichen 74
Häufigste Krankheiten 75
Pflege des kranken Hamsters 81

Hamster züchten 82
Problematik der Zucht 82
Paarungsverhalten 84
Aufzucht der Jungen 90
Entwicklung der Jungen 91

3 Verstehen lernen und beobachten

Was der Hamster alles kann 94
Seine Lebensweise in der Natur 94
Die Sinnesleistungen 95
Anatomische Besonderheiten 97
Sozialverhalten 98
Körper- und Lautsprache 100

Den Hamster richtig eingewöhnen 102
Die ersten Stunden 102
Die ersten Tage 103
Der Hamster und andere Heimtiere 104

Sich mit dem Hamster beschäftigen 106
Futterzahm – Fingerzahm – Handzahm 106
Abwechslung im Käfig 109
Artgerechte Beschäftigung 109
Beobachtungen 110

Haltungsprobleme richtig lösen 112
Stereotypien 112
Gitterbeißen 112
Aggressivität 113

A Allgemein Wichtiges

Mein Hamster 118
Persönlicher Hamster-Steckbrief 119

Arten- und Sachregister 120

Adressen 125

Literatur 125

Impressum 126

Wichtige Hinweise 127

Kinder-Extra

Darfst du deinen Hamster aufwecken? 14

Stubenreinheit 23

Dem Hamster eine Freude machen 52

Bonbons und Schokolade 67

Der alte Hamster 81

Junge Hamster 86

Was kann ein Hamster alles lernen? 109

Sich vor der Anschaffung informieren

Die putzigen Hamster gehören schon seit langem mit zu den beliebtesten Heimtieren und dies, obwohl sie den ganzen Tag verschlafen und erst abends munter werden.

Wo Hamster zu Hause sind

Wer sich einen Hamster als Heimtier zulegen möchte, denkt zuerst immer an den Syrischen Goldhamster. Seit einigen Jahren findet man jedoch auch den Chinesischen Zwerg- oder Streifenhamster, den Dshungarischen und den Roborowski-Zwerghamster im Angebot der Zoofachgeschäfte.

Die Heimat der Hamster

Anspruchslosigkeit, Robustheit und Anpassungsfähigkeit gehören zu den Merkmalen, die alle Hamster auszeichnen. Die Entstehung dieser Eigenschaften wird klar, wenn man sich mit der Herkunft dieser kleinen Nager beschäftigt.
Zu Hause sind Hamster in sehr kargen Lebensräumen mit wüstenhaftem Charakter. Regen fällt dort nur selten, die Vegetation ist dementsprechend dürftig, und weil nur wenig wächst, kommen die Hamster auch mit wenigem aus. Ihre bräunliche, dem Boden angepaßte Fellfärbung ist ein weiterer Hinweis auf ihren Ursprung in den Sand- und Steppenregionen der Alten

Frische Zweige von Obst- und Laubbäumen sind als Nagematerial heiß begehrt.

Solche Tongefäße werden von Hamstern gern als Versteckmöglichkeiten genutzt.

Welt, von Mitteleuropa bis Asien. Das Verbreitungsgebiet des Syrischen Goldhamsters (*Mesocricetus auratus)* umfaßt die Trockenzonen Bulgariens, Rumäniens, Kleinasiens, des Kaukasus, Syriens, Israels und des Iran.

Der Chinesische Zwerg- oder Streifenhamster (*Cricetulus griseus*) bewohnt die chinesischen und mongolischen Halbwüsten in Zentralasien.

Die Steppen Kasachstans, der Mandschurei und der Mongolei sind die Heimat des Dshungarischen Zwerghamsters (*Phodopus sungorus*).

Der Roborowski-Zwerghamster (*Phodopus roborovskii*) lebt ebenfalls in der Mongolei, in den angrenzenden Gebieten Chinas und in Teilen Sibiriens.

Hamster als Heimtiere

Wie die meisten kleinen Nager, die als Heimtiere gehalten werden, gelangten auch die Hamster auf dem Umweg über

die Versuchstierhaltung in den Zoofachhandel. Ihre problemlose Vermehrungsfähigkeit, ihr lebhaftes Wesen und ihre Drolligkeit sowie ihr geringer Anschaffungspreis und das Fehlen artenschutzrechtlicher Beschränkungen bildeten die Voraussetzungen für ihre weltweite Verbreitung als Heimtier.
Dies gilt vor allem für den Syrischen Goldhamster.
Die Entdeckungsgeschichte des Goldhamsters ist genau bekannt. Dieser Hamster wurde erstmals 1839 von dem Naturforscher George R. Waterhouse beschrieben. Im April 1930 gelang es dem Zoologen Dr. Israel Aharoni in Nordsyrien bei Aleppo, ein Goldhamsterweibchen mit 12 Jungen aus einem 2,5 m tiefen Bau auszugraben. Er brachte seinen Fund an das Zoologische Institut der Universität Jerusalem. Obwohl nur 3 Tiere den Transport und die Haltung in Gefangenschaft überlebten, glückte ihm innerhalb eines Jahres die Nachzucht von über 300 Jungtieren. Von diesen stammen alle Goldhamster in menschlicher Obhut ab. 1938 wurden die ersten Goldhamster zu Forschungszwecken nach Amerika gebracht. Nach Deutschland kamen sie dagegen erst nach dem Zweiten Weltkrieg.
Der Chinesische Zwerg- oder Streifenhamster diente ebenfalls zunächst als Versuchstier bevor er zum Heimtier wurde. Der Dshungarische Zwerghamster und der Roborowski-Zwerghamster gelangten als vermehrungsfreudige Mitbringsel von Forschungsreisen in den Zoofachhandel.

TIP

Um einen Hamster besser verstehen zu können, sollten Sie unbedingt über seine biologischen Daten Bescheid wissen (→ Seite 11). Seine Stellung in der zoologischen Systematik gibt Aufschluß über seine nächsten Verwandten (→ Die zoologische Systematik, Seite 34).

Der Hamster nutzt das Laufrad, um sich genügend Bewegung zu verschaffen.

Biologischer Steckbrief der Hamster

Lebensweise	Nagetier, Pflanzenfresser, Dämmerungs- und Nachtaktivität, überwiegend Einzelgänger			
Größe (Länge: Kopf-Rumpf)	Syrischer Goldhamster: 15 - 18 cm	Chinesischer Zwerg- oder Streifenhamster: 8 - 13 cm	Dshungarischer Zwerghamster: 7 - 10 cm	Roborowski-Zwerghamster: 7 - 9 cm
Körpergewicht	Syrischer Goldhamster: 85 - 180 g	Chinesischer Zwerg- oder Streifenhamster: 35 - 45 g	Dshungarischer Zwerghamster: 35 - 50 g	Roborowski-Zwerghamster: 30 - 40 g
Lebenserwartung	2 - 3 Jahre			
Geschlechtsreife	Syrischer Goldhamster: 35 - 45 Tage	Chinesischer Zwerg- oder Streifenhamster: 28 - 30 Tage	Dshungarischer Zwerghamster: 18 - 23 Tage	Roborowski-Zwerghamster: 14 - 24 Tage
Zuchtreife	3 - 4 Monate			
Zykluslänge	4 Tage			
Trächtigkeitsdauer	Syrischer Goldhamster: 15 - 16 Tage	Chinesischer Zwerg- oder Streifenhamster: 20 - 22 Tage	Dshungarischer Zwerghamster: 20 - 22 Tage	Roborowski-Zwerghamster: 19 - 22 Tage
Geburt	Unproblematisch, nackte und blinde Junge von 1 - 2 g Anfangsgewicht			
Wurfstärke	Syrischer Goldhamster: 5 - 9	Chinesischer Zwerg- oder Streifenhamster: 2 - 12	Dshungarischer Zwerghamster: 2 - 10	Roborowski-Zwerghamster: 1 - 7
Zahl der Würfe	Syrischer Goldhamster: 4 - 6	Chinesischer Zwerg- oder Streifenhamster: 4 - 7	Dshungarischer Zwerghamster: 3 - 4	Roborowski-Zwerghamster: 3 - 4
Säugeperiode, Absetzalter	15 - 21 Tage			

Paßt ein Hamster in Ihr Leben?

Es gibt kaum ein Kind oder einen Erwachsenen, der sich von dem Charme des putzigen, kleinen Hamsters nicht angezogen fühlt. Dies hat seinen Grund vor allem darin, daß er in idealer Weise das sogenannte »Kindchenschema« verkörpert: großer Kopf, eine relativ hohe Stirn, knopfartig hervortretende Augen und eine starke Wangenpartie. Dieses Aussehen erinnert den Erwachsenen an ein Kleinkind und Kinder an Geschwister. Das weiche, durch seine warmen Farben ansprechende Fell des Hamsters animiert zum Streicheln und Kuscheln.

Kein lebendes Spielzeug

Wer sich ein Heimtier zulegen möchte, sollte dies nie aus einer spontanen Laune heraus tun, etwa weil man beim Schaufensterbummel dazu animiert wird, oder weil die Kinder quengeln und meinen, sie müßten unbedingt sofort ein Tier bekommen. Besonders bei den niedlichen und preiswerten Hamstern ist die Versuchung groß, so einen kleinen Kerl nach dem Motto »Cash & Carry« im Vorbeigehen mitzunehmen. Abgesehen davon, daß man einen derartig schnellen Kauf oft nach ein paar Tagen schon bereut, zeugt es von wenig Verantwortungsgefühl gegenüber einem Mitgeschöpf, wenn man es zu sich nach Hause holt, ohne etwas darüber zu wissen. Ein Tier kann man nicht wie ein Spielzeug oder einen Einrichtungsgegenstand hervorholen oder beiseite stellen. Es ist immer für uns da und erwartet dasselbe von uns. Andererseits gehört es zu den schönsten Dingen, so ein unbekümmertes Lebewesen zu beobachten, seine Verhaltensweisen richtig zu deuten und mit ihm umzugehen – vor allem dann, wenn es so liebenswert ist wie der Hamster.

Hamster sind Wildtiere geblieben

Man darf niemals vergessen, daß der Hamster im Gegensatz zu Hund und Katze noch nicht domestiziert ist, sondern immer noch Wildtierverhalten zeigt. Er hat bislang seine Lebensgewohnheiten nur wenig verändert. Obwohl er seit Generationen vom Menschen gezüchtet und in der Wohnung gehalten wird, ist deshalb eine Mensch-Tier-Beziehung wie bei den meisten Haustieren nicht möglich.

»Hamsterwatteschlacht«. Zum Polstern des Schlafnestes ist jedoch Scharpie (→ Seite 55) besser geeignet.

Dies bedeutet, daß er in Bezug auf Kontaktaufnahme und Teilnahme am menschlichen Leben nur bescheidene Leistungen erbringt. Wer darauf Wert legt, sollte sich ein höherentwickeltes Tier zulegen. Wer aber etwas zum Schmusen und Kuscheln sucht, der muß sich ein Plüschtier kaufen!

Ein Tier zum Beobachten

Hamster sind vor allem Heimtiere für Menschen, die gerne beobachten. Dies gilt in besonderem Maß für die kleinen, wieselflinken Zwerghamster (→ Hamster-Rassen, Seite 34). Auch in der Haltung ergeben sich andere Gesichtspunkte als beispielsweise bei Hund

und Katze, die in etwa denselben Lebensraum beanspruchen wie »Herrchen« und »Frauchen«. Der Hamster benötigt einen eigenen Wohnbereich in Form eines Käfigs (→ Seite 44).
Als dämmerungs- und nachtaktives Tier schläft der Hamster am Tag und ist während dieser Zeit nicht ansprechbar. Da er sich in freier Wildbahn sein Futter in weitem Umkreis suchen muß, ist er es gewohnt, ein großes Laufpensum zu absolvieren. Deshalb müssen Sie für genügend Bewegungsmöglichkeit sorgen. Sein intensiver Stoffwechsel in Verbindung mit seiner enormen Fruchtbarkeit ist die Ursache für seine relative Kurzlebigkeit. In der Regel wird ein Hamster nur 2 bis 3 Jahre alt.

Entscheidungshilfen

Vor dem Hamsterkauf sollten Sie sich folgende Fragen stellen:

1. Erlaubt der Geldbeutel die Anschaffung eines relativ großen Käfigs (→ Seite 44), dessen Preis in keinem Verhältnis zum Kaufpreis des Hamsters steht?
2. Steht ein geeigneter Standort in der Wohnung zur Verfügung, an dem der

Darfst du deinen Hamster aufwecken, wenn er schläft?

Hamster verschlafen den ganzen Tag. Erst abends kommen sie aus ihrem Häuschen heraus. Dann haben sie Hunger, tragen eifrig Futter in ihren Backentaschen in ihr Häuschen hinein und turnen munter im Käfig herum.
Als Timo einen Goldhamster bekam, wußte er leider gar nichts über das Tier. Wenn er aus der Schule kam, lief er sofort zum Hamsterkäfig. Der Hamster war natürlich in seinem Häuschen und schlief. Doch Timo wollte unbedingt mit seinem Hamster spielen. Mit den Fingern stieß er in die Öffnung des Häuschens, um den kleinen Nager aus seinem Versteck zu holen. Mürrisch kam der Hamster heraus. Schon mehrmals hatte er Timo sogar kräftig in den Finger gebissen. Timo war enttäuscht von seinem Heimtier. Eines Tages bemerkte Timo, daß das einst glänzende Fell seines Goldhamsters ganz matt war. Aus trüben Augen blickte das Tier Timo an. Abends, wenn der kleine Goldhamster aus seinem Häuschen kam, lief er auffallend wackelig herum. Manchmal zitterte er am gesamten Körper. Eines morgens lag er tot im Käfig. So endet jeder Hamster, der tagsüber häufig in seinem Schlaf gestört wird. Dehalb darf man einen Hamster niemals wecken, während er schläft.

Seine kräftigen Vordergliedmaßen machen den Hamster zu einem hervorragenden Kletterer.

Hamster tagsüber schlafen kann, abends und nachts aber Lärm machen darf (→ Dämmerungsaktivität, Seite 94)?

3 Genügt Ihnen ein Tier, das während des Tages nur schläft?

4 Steht ein Raum für den regelmäßigen Auslauf zur Verfügung (→ Seite 58)?

5 Ertragen es alle Mitglieder in der Familie, wenn Unordnung entsteht und die Sauberkeit zu wünschen übrig läßt?

6 Kann es Probleme mit anderen bereits im Haushalt lebenden Tieren geben (→ Seite 104)?

7 Wieviel Zeit steht für Pflege und Beschäftigung zur Verfügung (→ Seite 70)?

8 Wohin mit dem Hamster während des Urlaubs oder im Krankheitsfall?

9 Wer übernimmt die kontinuierliche Pflege? Prüfen Sie, ob die Kinder als Tierbesitzer damit nicht überfordert sind (→ Seite 21).

10 Reagiert ein Mitglied der Familie allergisch auf Tierhaare (→ Seite, 127)?

Artgemäße und verhaltensgerechte Haltung

Die vorangegangenen Fragen sind auch unter dem Aspekt des Tierschutzes zu beantworten. In § 2 des Tierschutzgesetzes vom 25. Mai 1998 heißt es: »Wer ein Tier hält, betreut oder zu betreuen hat,

- muß das Tier seiner Art und seinen Bedürfnissen entsprechend angemessen ernähren, pflegen und verhaltensgerecht unterbringen;
- darf die Möglichkeit des Tieres zu artgemäßer Bewegung nicht so einschränken, daß ihm Schmerzen oder vermeidbare Leiden oder Schäden zugefügt werden.
- muß über die für eine angemessene Ernährung, Pflege und verhaltensgerechte Unterbringung des Tieres erforderlichen Kenntnisse und Fähigkeiten verfügen.«

»Artgemäß« ist eine Haltung dann, wenn sich nach den Regeln tierärztlicher Kunst oder nach anderen naturwissenschaftlichen Kenntnissen keine gestörten körperlichen Funktionen, die auf Mängel oder Fehler in der Ernährung

oder Pflege zurückgeführt werden können, feststellen lassen. »Verhaltensgerecht« ist eine Unterbringung dann, wenn die arteigenen Verhaltensmuster des Tieres durch sie nicht so eingeschränkt oder verändert werden, daß dadurch Schmerzen, Leiden oder Schäden am Tier selbst oder durch ein so gehaltenes Tier an anderen entstehen.

Zu wem ein Hamster paßt

In erster Linie paßt der Hamster zu Berufstätigen, die abends beim Nachhausekommen Freude an einem possierlichen, unternehmungslustigen kleinen Mitbewohner haben. Außerdem nimmt ein Hamster es auch nicht übel, wenn die Spielstunde einmal nur knapp ausfällt. Nicht zuletzt eignet er sich als Heimtier für Men-schen, die nur eine kleine Wohnung haben, denn im Gegensatz zu vielen anderen Heimtieren braucht er nur wenig Platz.

Kinder und Hamster

Wenn Sie Ihrem Kind einen Hamster schenken möchten,

Ausgiebiges Putzen ist beim Hamster ein Gradmesser für sein Wohlbefinden.

Nach den Füßchen wird der Kopf einer intensiven Reinigungsprozedur unterzogen.

sollte es mindestens 10 Jahre alt sein. Erst dann ist es in der Lage, die Bedürfnisse des Tieres zu verstehen.

Der Hamster schläft gerade zu der Zeit, wenn ein Kind beschäftigt sein will. Das Kind dagegen muß ins Bett, wenn der Hamster seines voller Tatendrang verläßt.

Außerdem muß man einem Kind schon beim Kauf erklären, daß sein kleiner Freund nicht sehr alt wird. Dies ist einerseits ein großer Nachteil, weil die 2 oder 3 Lebensjahre des Hamsters sehr schnell vergehen, und der Abschied zumeist sehr tränenreich ist. Andererseits erlahmt manchmal mit dem Älterwerden des Kindes das Interesse an dem eigenständigen, eher ungeselligen Hausgenossen. Auf diese Weise kann die Kurzlebigkeit des Hamsters auch von Vorteil sein, weil dadurch die Anschaffung eines größeren und kontaktfreudigeren Heimtieres möglich wird. Vielleicht lesen sich diese Sätze etwas distanziert, aber sie entsprechen meiner praktischen Erfahrung als Tierarzt.

Überlegungen vor der Anschaffung

Zu wem ein Hamster als Heimtier am besten paßt, haben Sie bereits im vorangegangenen Kapitel erfahren. Im folgenden geht es darum, woran man schon vor dem Kauf eines Hamsters denken solllte, damit keine unliebsamen Überraschungen die Freude an Ihrem neuen Hausgenossen trüben.

Einzel- oder Paarhaltung?

Einzelhaltung: Hamster leben in der Natur als Einzelgänger. Sie sind deshalb auch als Heimtier zur Haltung als »Single« prädestiniert. In ihrem natürlichen Lebensraum benötigen Hamster zu ihrer Ernährung aufgrund der kargen Steppen- bzw. Wüstenvegetation von der Fläche her ein relativ großes Territorium, das sie gegen fremde Eindringlinge notfalls verteidigen. Dieses Beanspruchen eines eigenen Territoriums gehört zu ihrem Selbsterhaltungstrieb. Da ist oft nicht einmal für einen Geschlechtspartner Platz.

Nur zur Paarungszeit kommen Männchen und Weibchen zusammen. Die Liebe ist aber nur von kurzer Dauer, und so geht jeder nach 1 bis 2 Tagen wieder seiner Wege.

Vor allem in zu knapp bemessenen Käfigen, die keine Möglichkeit zur Flucht und zum Verstecken bieten, kann es zu heftigen Kämpfen kommen. Obwohl sich Wurfgeschwister wegen des gleichen Nestgeruchs zunächst gut vertragen, sind auch hier mit dem

Kinder müssen im Umgang mit einem Hamster zu besonderer Behutsamkeit ermahnt werden.

Da das Hamsterhäuschen gleichzeitig als Schlafplatz und Vorratshäuschen dient, darf es nicht zu klein sein. Für diesen Goldhamtser wird es hier ziemlich eng.

Älterwerden Zwistigkeiten vorprogrammiert. In der Regel dominiert nämlich einer der Hamster und treibt den anderen immer wieder aus dem Schlafhäuschen oder verjagt ihn vom Futterplatz.
Zwei Männchen kommen dabei noch besser miteinander aus als zwei Weibchen. Für das unterlegene Tier bedeutet dies immer Dauerstreß und damit eine erhöhte Anfälligkeit für Krankheiten sowie eine kürzere Lebenserwartung (→ Streß, Seite 72).

Hinweis: Wenn einer der Hamster tagsüber zusammengekauert in einer Ecke schläft und abends im Käfig ständig Unruhe in Form von Fauchen und Quieken herrscht, müssen die Streithähne in getrennten Käfigen untergebracht werden. Abmagern und gesträubtes Fell signalisieren allerhöchste Eile, da das schwächere Tier sonst stirbt (→ Krank-heiten, Seite 73).
Paarhaltung: Eine Paarhaltung von Hamstern unterschiedlichen Geschlechts ist nur zum

TIP

Möglicherweise erkennt Ihr Hamster Sie nicht mehr, wenn Sie länger verreist waren. Da er Sie nur am Geruch identifizieren kann, sollten Sie vor dem ersten Streicheln, etwas von seiner Einstreu zwischen den Fingern verreiben.

Die Beschäftigung mit dem Futter beugt auch der Käfiglangeweile vor.

Zwecke der Zucht anzuraten. Nach der Paarung müssen die beiden wieder getrennt werden. Auch zwei Männchen oder zwei Weibchen vertragen sich auf Dauer nicht miteinander.

Hinweis: Die geschilderten Verhaltensweisen gelten in erster Linie für den Goldhamster. Zwerghamster vertragen sich in der Regel besser untereinander (→ Seite 34).

Männchen oder Weibchen?

Generell besteht kein großer Unterschied darin, ob man ein Männchen oder ein Weibchen als Einzeltier hält.

Männchen sind etwas friedliebender als Weibchen und werden eher handzahm. Dies liegt wahrscheinlich daran, daß Weibchen infolge ihres Nestverhaltens, z.B. bei der Jungenaufzucht (→ Seite 90), etwas mehr auf Abstand achten. Außerdem neigen Männchen eher zu Korpulenz und strömen manchmal einen strengeren Geruch aus.

Alle übrigen Eigenschaften, die dem einen oder anderen Geschlecht unterstellt werden, beruhen auf individuellen Unterschieden von Tier zu Tier.

Geschlechtsbestimmung

Obwohl die äußeren Geschlechtsmerkmale beim Hamster sehr typisch sind, kommen gelegentlich Verwechslungen vor. Dann liegen auf einmal Junge im Nest!

So erkennen Sie das Geschlecht: Fixieren Sie den Hamster mit drei Fingern am Nacken und stützen Sie sein Hinterteil mit der anderen Hand. Begutachten Sie jetzt seine Bauchunterseite (→ Fotos, Seite 27 und Seite 56).

Beim Männchen ist der Abstand zwischen After- und Geschlechtsöffnung deutlich größer als beim Weibchen. Außerdem besitzen männliche Tiere ein spitz zulaufendes Hinterteil. Ab der 5. Lebenswoche erkennt man beim Männchen rechts und links des Afters die wulstartig hervortretenden Hoden.

Hinweis: Wer dem Zoofachhändler bei der Geschlechtsbestimmung zur Sicherheit über die Schulter blicken möchte, sollte sich diese Kriterien einprägen.

Hamster - Spielgefährte für Kinder?

Als Spielgefährte in des Wortes ursprünglicher Bedeutung ist der Hamster nicht geeignet.

Er ist eher ein Tier zum Beobachten, Pflegen und zum Erlernen von Verantwortung gegenüber einem Lebewesen.

Eltern müssen ihrem Kind erklären, daß ein Tier kein Spielzeug ist. Ein Stofftier kann man in ein Wägelchen packen, man kann ihm ein Kleidchen anziehen, man kann es in eine Schachtel stecken oder nach Belieben herumtragen oder weglegen. Das alles geht mit einem lebenden Tier nicht!

Außerdem ist eine konstante Versorgung infolge der häufig wechselnden Interessen der Kinder nicht gewährleistet.

Beim Kauf eines Hamsters muß Eltern klar sein, daß sie unter Umständen nach einiger Zeit die regelmäßige Betreuung des neuen Hausgenossen übernehmen müssen, besonders dann, wenn die Schule ihren Tribut fordert.

Unsachgemäß behandelt, kann der Hamster schwere Verletzungen davontragen oder verhaltensgestört werden. Beim Hamster äußert sich das in Form von ängstlichem und aggressivem Verhalten. Die Lebensdauer solcher Tiere ist infolge von Dauerstreß nur kurz. Schon das Fangen, Aufheben und Tragen (→ Seite 108) überfordert Kinder oft, da besonders die kleineren Hamsterarten wie der Chinesische Streifenhamster, der Dshungarische Zwerghamster oder der Roborowski-Zwerghamster (→ Hamster-Rassen, Seite 34) wieselflink sind, leicht durch die Finger rutschen und sich bereits beim Herunterfallen aus geringer Höhe schwer verletzen können.

Kletterübungen dürfen immer nur in geringer Höhe über einer festen Unterlage stattfinden, damit es nicht zu Sturzverletzungen kommt.

Werden Hamster stubenrein?

Leider nicht. Hamster sind von Natur aus sehr saubere Tiere. Mehrmals am Tag putzen sie gründlich ihr Fell. Das Fell wird mit der Zunge, den Zähnen und den Vorderpfötchen bearbeitet. Im Käfig benutzen sie eine bestimmte Ecke als Toilette. Doch wenn dein Hamster Auslauf im Zimmer hat, kann es schon einmal passieren, daß er kleine trockene Kotkügelchen oder ein Pfützchen auf dem Teppich hinterläßt. Keinesfalls darfst du deinen Hamster dann schimpfen oder gar bestrafen. Er würde sonst ängstlich und scheu werden. Besser ist es, du kehrst die Kotkügelchen auf oder du benutzt den Staubsauger dazu. Den Urin entfernst du am besten mit heißem Wasser.

Wer betreut den Hamster im Urlaub?

Auch an die Unterbringung des Hamsters während der Urlaubszeit oder anderweitiger Verhinderung, sollten Sie bereits vor der Anschaffung denken.

Zuhause: Ideal ist es, wenn der Hamster in seiner gewohnten Umgebung bleiben kann und Sie eine zuverlässige Urlaubsbetreuung für ihn finden können, die sich dann allabendlich eine Stunde Zeit für den Kleinen nimmt. Hinterlassen Sie auf jeden Fall eine kurze schriftliche Pflegeanleitung, damit die Urlaubsvertretung notfalls das eine oder andere nachlesen kann. Notieren Sie auch Ihre Urlaubsadresse und die Anschrift des Tierarztes.

Unterbringung außer Haus: Verwandte oder Bekannte können den Hamster in Pflege nehmen. In einem entsprechend strukturierten Käfig (→ Der richtige Käfig, Seite 44) kann er auch einmal 2 Wochen ohne Auslauf leben.

Hinweis: Übrigens gibt es inzwischen Wachdienste, die auch Tierpflegeaufträge für die Zeit der Abwesenheit übernehmen. Adressen finden Sie meist im Anzeigenteil der örtlichen Zeitungen.

Auch Tierpensionsheime der örtlichen Tierschutzvereine und Zoofachgeschäfte nehmen Hamster vorübergehend in Pflege.

In den Urlaub mitnehmen: Es ist möglich, den Hamster beispielsweise in einem Wohnmobil oder Wohnwagen mitzunehmen. Sie sollten jedoch bedenken, daß eine lange Autofahrt und die veränderten Umgebungsbedingungen ungewohnten Streß bei dem Tier auslösen können.

Rechtsfragen zur Hamsterhaltung

Mietrecht

Sind im Mietvertrag keine Bestimmungen über die Tierhaltung enthalten, so ist grundsätzlich davon auszugehen, daß die üblichen Heimtiere in der Mietwohnung gehalten werden dürfen.

Die Heimtierhaltung gehört heute zur allgemeinen Lebensführung und zum vertragsgemäßen Gebrauch der Mietwohnung, solange durch die Tierhaltung keine Belästigungen eintreten (AG Offenbach, Az: 34 C 705/85; AG Schöneberg, Az.: 8 C 11/91; AG Friedberg, Az.: C 66/93; AG Heidelberg, Az.: 20 C 72/92). Dies gilt grundsätzlich und erst recht auch für die Haltung von Kleinnagern wie Goldhamstern (AG Hannover, Az.: 11 C 393/79; AG Aachen, Az.: 6 C 500/88; AG Köln, Az.: 205 C 130/83). Denn diese Tiere sind ihrer Art und Natur nach nicht geeignet, eine Störung des Hausfriedens hervorzurufen (BGH, Az.: VIII ZR 10/92). Weder geht von ihnen eine übermäßige Geruchsbelästigung aus noch geben sie Geräusche von sich, die zu einer Lärmbelästigung anderer Mieter führen könnten. Ferner sind diese Tiere nicht imstande, größere Beschädigungen an der Wohnung zu verursachen.

Der Mieter braucht zur Haltung eines Goldhamsters keine ausdrückliche Genehmigung. Problematisch wird es erst dann, wenn aus ein oder zwei Goldhamstern eine ganze Zuchtgruppe mit sehr vielen Tieren wird. Hier wird man im Einzelfall prüfen müssen, inwieweit der Hausfrieden gestört sein könnte oder nicht. Gestört ist nach der Rechtsprechung der Hausfriede bereits dann, wenn übermäßig viele Heimtiere gehalten werden (OLG München, Az.: 5 U 7178/89), oder wenn Einstreumaterial mit der Folge einer Rohrverstopfung in die Toilette eingeleitet wird (LG Berlin, Az.: 64 S 17/93). Soweit denkbar ist, daß gebrauchte Käfigeinstreu riecht, ist diese ordnungsgemäß zu entsorgen, so daß hierdurch keine Hausmitbewohner belästigt werden. So stelllt es nach der Rechtsprechung (AG Hamburg, Az.: 44 C 3/81) aber keine Belästigung der anderen Mitbewohner dar, wenn die riechende Käfigeinstreu in einer Plastiktüte verpackt im Mülleimer entsorgt wird.

Eigentumswohnung

Ein generelles Verbot der Haltung von Hamstern in der Eigentumswohnung kann wirksam nur vertraglich durch einen einstimmigen Beschluß der Wohnungseigentümergemeinschaft beschlossen werden. Stimmenmehrheit reicht für ein Tierhaltungsverbot nicht aus (OG Stuttgart, Az.: 8 W 8/82). Zulässig ist jedoch ein Beschluß der Wohnungseigentümer, der die Tierhaltung in der Eigentumswohnung auf eine vertretbare Zahl begrenzt (OLG Frankfurt, Az.: 11 W 142/87).

Kaufvertragsrecht

Jeder, der einen Goldhamster käuflich erwirbt, schließt mit dem Verkäufer immer einen Kaufvertrag ab. Dieser Vertrag muß nicht schriftlich abgefaßt werden, denn auch ein mündlicher Kaufvertrag ist rechtsgültig. Stellt sich nach Übergabe des Hamsters an den Käufer heraus, daß das Tier mit einem Fehler (also einer Krankheit) behaftet war, kann der Käufer seine gesetzlichen Gewährleistungsrechte geltend machen und beispielsweise vom Kaufvertrag zurücktreten oder aber den Kaufpreis mindern. Voraussetzung hierfür ist aber immer, daß das Tier bereits bei Übergabe (und nur dann) krank war. Gerade bei Infektionskrankheiten läßt sich der Krankheitsbeginn nur schwer feststellen, so daß meistens nur sachverständige Tierärzte diese Frage klären können. Macht der Käufer mit Recht solche Gewährleistungsrechte geltend, so muß er dies innerhalb von sechs Monaten von der Übergabe an gerechnet tun, da seine Gewährleistungsungsrechte sonst verjähren.

Hinweis: Kinder oder Jugendliche (bis zum vollendeten 16. Lebensjahr) sollten sich den Kauf eines Goldhamsters besonders gut überlegen. Denn ohne Einwilligung ihrer Erziehungsberechtigten, dies sind meistens die Eltern, dürfen Kinder noch keinen Goldhamster kaufen. Genehmigen die Eltern den Kauf eines Goldhamsters nicht, muß der Verkäufer das Tier wieder zurücknehmen und den Kaufpreis zurückerstatten.

Tierhalterhaftung

Kommt ein Mensch oder eine Sache durch ein Tier zu Schaden, so haftet der Tierhalter stets nach § 833 BGB (Tierhalterhaftung). Dies ist eine sogenannte Gefährdungshaftung, das heißt der Tierhalter haftet auch dann, wenn ihm selbst kein persönlicher Vorwurf gemacht werden kann. Diese Grundsätze gelten nicht nur für große oder gefährliche Tiere, sondern auch für einen Goldhamster, der eventuell ein Kind beißt. Wird das Tier aber provoziert, kommt ein Mitverschulden des Verletzten in Betracht, das unter Umständen so hoch anzusetzen ist, daß die Tierhalterhaftung sogar ganz oder teilweise zurücktreten kann.

Tierkörperbeseitigung

Der Goldhamster fällt nicht unter das Tierkörperbeseitigungsgesetz, so daß ein verendeter Hamster im Garten begraben werden darf. Für Kleintiere git das Abfallbeseitigungsgesetz, so daß man diese auch in die Mülltonne (!) geben dürfte. Für welchen Weg man sich schließlich entscheidet ist Anssichtssache. Ein dem Tierschutzgedanken verpflichtetes Ethos schuldet es aber dem Partner Tier, daß sein Leben in Würde zu Ende gehen kann.

Eicheln sind für den Hamster ein begehrtes Mitbringsel vom Spaziergang.

Ratschläge zum Kauf

Beim Kauf eines Hamsters sollten Sie sich Zeit lassen und nicht nach dem Motto »Liebe auf den ersten Blick« wählen. Ein Umtausch, nachdem das Tier schon mit nach Hause genommen wurde, bereitet immer Schwierigkeiten. Damit Sie ungetrübte Freude an Ihrem Hamster haben, ist es vor allem wichtig, daß das Tier aus einer gesunden Zucht stammt und keine körperlichen Mängel aufweist (→ Tabelle, Seite 28)

■ Die Präsentation der Tiere erfolgt über beispielhaft eingerichtete Käfige, die nicht überbesetzt sein dürfen und den Tieren optimale Lebensbedingungen bis zur Übernahme durch den endgültigen Besitzer gewährleisten müssen.
■ Die Käfige, in denen die Tiere gehalten werden, sollten sauber sein, die Einstreu frisch.
■ Futternäpfe und Nippeltränke sollten gefüllt sein.
■ Im Schaufenster dürfen keine Tiere ausgestellt sein.

Die Anschaffung eines kleinen, ausbruchssicheren Transportkäfigs macht sich immer bezahlt. Gute Dienste leistet er auch als Ausweichquartier bei der Käfigreinigung.

Woran erkennt man ein gutes Zoofachgeschäft?

Es ist nicht gleichgültig, wo man sich seinen Hamster kauft. So wie man sich für den eigenen Bedarf Geschäfte nach bestimmten Kriterien auswählt, sollte man dies auch beim Erwerb eines Heimtieres tun.

Ein gutes Zoofachgeschäft vermittelt dem Besucher schon von der Optik her einen positiven Eindruck.

■ Die einzelnen Waren sind nach Sortiment geordnet und die angebotenen Tiere befinden sich in einem räumlich abgetrennten Teil, der Tageslicht erhält.

Während einer Kletterpartie des Hamsters kann man sein Geschlecht sehr leicht erkennen. Links ein Weibchen, rechts ein Männchen.

■ Ein guter Zoofachhändler wird sich Zeit zur Beratung nehmen, Ihre Fragen ernsthaft beantworten.
Er wird bemüht sein, Ihr Interesse auf entsprechende Literatur zu lenken, damit Sie sich über den neuen Pflegling orientieren können, und beiden Seiten bittere Erfahrungen erspart bleiben.
Achten Sie darauf, daß im Käfig der angebotenen Hamster ein Schlafhäuschen steht. In manchen Geschäften erhalten die Hamster kein Häuschen, damit man sie auch tagsüber sieht.
Zusätzlich wird eine Innenbeleuchtung angebracht, die häufig ohne Unterbrechung eingeschaltet ist. Das Fehlen einer Rückzugsmöglichkeit sowie grelle Lichtbestrahlung verursachen bei dem dämmerungsaktiven Hamster jedoch starken Streß und sind somit tierquälerisch. Hamster, deren Biorhythmus permanent gestört wird, zeigen sich anfälliger gegenüber Krankheiten, sind ängstlicher und neigen aus diesem Grund eher zu Aggressivität.
Tiere, die derart lieblos angeboten werden, sollten Sie besser nicht kaufen.
Hinweis: Zu empfehlen sind Zoofachgeschäfte, die dem Zentralverband Zoologischer Fachbetriebe Deutschlands e.V. (ZZF) angeschlossen sind (→ Adressen, Seite 125).
Zusammen mit der Tierärztlichen Vereinigung für Tierschutz e.V. (TVT) und dem Bundesverband der beamteten Tierärzte e.V. (BbT) verleiht der ZZF die Plakette »Ausgezeichnetes Zoofachgeschäft«. Wer die strengen Kriterien für solch ein »besonders gut geführtes Zoofachgeschäft« erfüllt, steht für Sachkompetenz und Qualitätsbewußtsein.

Gesundheitscheck auf einen Blick

	Gesunder Hamster	Kranker Hamster
Verhalten	Lebhaft, dauernd in Bewegung, alles beschnuppernd und erkundend, kontaktfreudig	Apathisch, fehlender Bewegungsdrang, desinteressiert an der Umgebung, Zurückgezogenheit
Körperlicher Gesamteindruck	Walzenartige Körperform, gut proportioniert, gerader Rücken	Abgemagert, eingefallene Flanken, nach oben gekrümmter Rücken
Haut	Blaßrosa, gleichmäßig, glatt, elastisch	Gerötet, verdickt, ausgetrocknet, Schuppen, Krusten, Wunden, haarlose Stellen
Fell	Gut anliegend, glänzend	Struppig, matt
Augen	Groß, klar, schwarz, knopfartig hervortretend, Lidränder fest anliegend	Eingefallen, Hornhauteintrübungen, verklebte Lidränder, Ausfluß
Nase	Trocken, sauber	Niesen, Rötung, schleimige Absonderungen, Krustenbildung
Atmung	Mühelos, gleichmäßig, ruhig	Röchelnd, mit geöffnetem Mund
Mundöffnung und Backentaschen	Trocken, sauber, geruchlos, Backentaschen werden normal gefüllt und entleert	Fellverklebungen, Speicheln, Rötungen, säuerlicher oder fauliger Geruch, Backentaschen werden nur wenig gefüllt und zögerlich oder nicht entleert
Anal- und Geschlechtsregion	Trocken, sauber, geruchlos	Fellverklebungen, nasses Schwänzchen infolge von Durchfall (»Wet Tail«), Vaginalausfluß
Extremitäten	5 Zehen an jedem Fuß, saubere Laufsohlen, gleichmäßige Belastung aller Extremitäten	Fehlende Zehen, verschmutzte und entzündlich veränderte Laufsohlen, Nachziehen einer Extremität, Bevorzugen einer Seite beim Hinlegen

TIP

Lassen Sie sich beim Auswählen Ihres Hamsters im Zoofachgeschäft ausgiebig Zeit. Kaufen Sie immer ein Jungtier. Beobachten Sie die Tiere mindestens eine Viertelstunde und vergleichen Sie ihr Verhalten. Entscheiden Sie sich nicht aus Mitleid für einen schwächlich aussehenden Hamster, sondern wählen Sie ein aktives, kräftiges Tier! Fragen Sie den Verkäufer, ob er Ihre Wahl für gut empfindet.

Hamster mögen kleine Zwischenmahlzeiten.

Wichtig für den Hamsterkauf – die Tageszeit

Genauso unausgeruht und grantig wie wir Menschen bei einer Störung zu nachtschlafender Zeit verhält sich ein Hamster, wenn er tagsüber geweckt wird. Er schimpft (→ Körper- und Lautsprache Seite 100), mag nicht aus seinem warmen Nest kommen und beißt sogar zu, wenn man ihn gewaltsam mit der Hand herausholen möchte.

Hat man ihn endlich mit viel Mühe aus seinem Häuschen gelotst, dreht er sich nach kurzem Schnuppern meistens um und verschwindet wieder in Richtung Schlafplatz.

Dasselbe passiert im Zoofachgeschäft, wenn man während des Tages einen Hamster kaufen möchte.

Die beste Zeit für den Hamsterkauf ist der Spätnachmittag, gegen Ende der Öffnungszeit. Zwischen 17 und 18 Uhr liegt der Beginn seiner Dämmerungsaktivität, und dann zeigt sich der Hamster von seiner »Schokoladenseite«. Nur während dieser Zeit läßt sich der Gesundheitszustand des kleinen Nagers und das Freisein von äußerlich erkennbaren Mängeln beurteilen (→ Gesundheitscheck auf einen Blick, Seite 28).

Bis der »Spätschichtler« kräftig gegähnt, sich geputzt und eine Kleinigkeit zu sich genommen hat, kann man die Gelegenheit nützen, sich über Käfige, Inventar und Futtermittel zu orientieren. Außerdem sollte man kurz überschlagen, ob man seinen finanziellen Rahmen richtig abgesteckt hat, denn der Hamster selbst schlägt kostenmäßig am wenigsten zu Buch. Daher immer zuerst das Zubehör und dann erst das Tier kaufen (→ Was der Hamster alles braucht, Seite 44)!

Woran Sie einen gesunden Hamster erkennen

In meiner tierärztlichen Sprechstunde wundere ich mich oft, nach welchen Gesichtspunkten ein kleiner Hamster gekauft wird bzw. aus welchen Gründen die Wahl gerade auf ein krankes Tier gefallen ist. »Er hat uns so leid getan!« lautet die Antwort, die man häufig erhält.

Hinzu kommt, daß schwächliche Tiere infolge ihres

schlechten Gesundheitszustandes besonders zutraulich erscheinen und den Eindruck erwecken, als würden sie sich hilfesuchend an den Kaufinteressenten wenden.
So sehr dieses Mitgefühl den Menschen ehrt, ist es jedoch vielfach der Anfang einer Serie von Enttäuschungen, die oft mit dem Einschläfern des Patienten endet. Deshalb nie einen Hamster auswählen, der nicht völlig gesund erscheint!
Da Hamster wie alle kleinen Nager sehr robust und lebenstüchtig sind, kann man davon ausgehen, daß abgemagerte, von den anderen ausgegrenzte Jungtiere zumeist unheilbar erkrankt sind. Hier sollte der Verstand in erster, das Gefühl in zweiter Linie entscheiden. Dazu muß man das Tier ganz bewußt und kritisch von Kopf bis Fuß mustern, denn nur verborgene Mängel kann man nach dem Kauf noch reklamieren, sichtbare hat man – so die Rechtsprechung – billigend hingenommen (→ Kaufvertragsrecht, Seite 24).

Auch Heu und Stroh werden gern zum Auspolstern des Schlafnestes benutzt. Das Zerkleinern gehört zu den Lieblingsbeschäftigungen der Hamster.

Die Tabelle auf Seite 28 gibt Ihnen Auskunft darüber, wie ein gesunder Hamster aussieht, und welche Anzeichen darauf hindeuten, daß der Hamster krank ist.

Hinweis: Haben Sie unter den angebotenen Hamstern im Zoofachgeschäft ein offensichtlich krankes Tier entdeckt, kaufen Sie besser keinen Hamster aus dieser Gruppe! Es besteht die Gefahr, daß man ein bereits angestecktes Tier ohne erkennbare Krankheitsanzeichen erwirbt, das dann jedoch ein paar Tage später krank wird. Da die Umstellung aus der Gruppenhaltung in einem neuen Käfig mit neuem Umfeld auch wieder eine Streßbelastung beinhaltet, wird das Ausbrechen einer verdeckten Infektion zusätzlich begünstigt.

Für uns kaum wahrnehmbare Geräusche und geringfügige Bodenerschütterungen veranlassen den Hamster bereits, eine sichernde Haltung einzunehmen.

Woran Sie erkennen, wie alt ein Hamster ist

Bedingt durch die relativ geringe Lebenserwartung des Hamsters von durchschnittlich 2 Jahren, kommt dem Alter beim Kauf besondere Bedeutung zu. Da eine exakte Altersbestimmung bei ausgewachsenen Tieren nicht mehr möglich ist, empfiehlt es sich, immer einen Junghamster zu nehmen.

Ein Junghamster hat mit etwa 4 Wochen die Hälfte seiner Körpergröße – beim Goldhamster etwa 8 bis10 cm – erreicht und ist bereits völlig selbständig. Dieses sogenannte Absetzalter, das mit der Prägephase zusammenfällt, ist auch im Hinblick auf die Gewöhnung an den Menschen ideal.

Heimtransport

Im allgemeinen ist es üblich, kleine Nagetiere wie den Hamster nach dem Kauf in Faltschachteln zu verpacken. Solche Schachteln werden auch für den Heimtransport von Ziervögeln verwendet.

Ist der Heimweg nur kurz, und beobachtet eine zweite Person den Karton während der Fahrt im Auto, ist die Unterbringung in einer Faltschachtel ausreichend.

Dauert die Reise länger, und wird die Schachtel unbeaufsichtigt für längere Zeit im Wagen gelassen, kann es böse Überraschungen geben.
Die Luftschlitze der Schachtel animieren den Hamster, sich in Sekundenschnelle eine Öffnung zu nagen, durch die er ins Freie gelangt.
Wenn man Glück hat, erwischt man den flinken Nager, bevor er von unten in der Polsterung der Autositze verschwunden ist. Sonst besteht ohne Ausbauen der Sitze keine Chance, des Ausreißers wieder habhaft zu werden.
Sollte das Herausnehmen der Sitze notwendig werden, ist es besser, dies vorsichtshalber in einer geschlossenen Garage zu tun, damit der Hamster nicht auf Nimmerwiedersehen verschwindet.
Aus einer speziellen Transportbox für kleine Nager kann der Hamster nicht ausbrechen. Deshalb solllten Sie, wenn es der Geldbeutel irgendwie erlaubt, solch einen Behälter gleich mitkaufen (→ Foto, Seite 26).
Es gibt sehr preiswerte Kunststoffboxen in den Abmessungen 25 cm Seitenlänge x 15 cm Tiefe x 18 cm Höhe mit einer gitterartig perforierten Abdeckung und Tragegriffen. Sie sind besser geeignet als Drahtkäfige, da Hamster sehr empfindlich auf Kälte, Zugluft und Nässe reagieren.
Die Anschaffung einer Transportbox macht sich in mehrfacher Hinsicht bezahlt. Sie kann sowohl für den Besuch beim Tierarzt verwendet werden als auch als Ausweichquartier zum Großreinemachen des Käfigs (→ Pflege von Käfig und Zubehör, Seite 70). Außerdem kann man den Hamster darin sehr gut beobachten, wenn er beispielsweise

Um an ein paar frische Buchenblätter zu kommen, ist keine Anstrengung zu groß!

Ein mehrfach durchbohrter Ast, auch wenn es sich um eine Attrappe aus Kunststoff handelt, regt das Erkundungsverhalten des Hamsters an.

verletzt ist und sich versteckt, sobald man ihn genauer in Augenschein nehmen möchte. Hamster teilen ihre Welt nach Gerüchen ein und erkennen auch ihr Zuhause an seinem speziellen Duft. Lassen Sie sich deshalb etwas Einstreu oder Nestmaterial aus dem Käfig im Zoogeschäft, in welchem der Hamster bisher gelebt hat, geben und bestücken Sie den Transportbehälter damit (→ Verstehen lernen und beobachten, Seite 94).

Der kleine Kerl fühlt sich dann gleich etwas heimischer.

Auch bei der Einrichtung des Hamsterheimes sollte man so für den vertrauten Stallgeruch sorgen.

Hinweis: Damit der kleine Nager sich rasch bei Ihnen einlebt und schnell handzahm wird, sollten Sie ihn am Anfang nicht überfordern.

Was dabei zu beachten ist, erfahren Sie im Kapitel »Den Hamster richtig eingewöhnen« ab Seite 102.

Die verschiedenen Hamster-Rassen

Wenn man früher in einem Zoofachgeschäft nach einem Hamster gefragt hat, bekam man in der Regel einen wildfarbenen Goldhamster mit seinem typischen goldbraunen Fell gezeigt. In den letzten Jahren hat sich jedoch das Angebot stark erweitert, und Hamster ist nicht mehr gleich Hamster.

Die zoologische Systematik

Von den zahlreichen, in der Natur vorkommenden Hamster-Rassen werden im wesentlichen 4 Arten als Heimtiere gehalten. Diese werden sowohl im Zoofachhandel als auch in der Literatur teilweise sehr uneinheitlich beschrieben und bezeichnet.

In der Zoologischen Systematik ordnet man die Hamster folgendermaßen ein:

Ordnung: Nagetiere (*Rodentia*).

Unterordnung: Mäuseverwandte (*Myomorpha*).

Überfamilie: Mäuseartige (*Muroidea*).

Familie: Wühler (*Cricetidae*).

Gattungsgruppe: Hamster (*Cricetini*).

Gattungen: Mittelhamster (*Mesocricetus*), Graue Zwerghamster (*Cricetulus*), Kurzschwänzige Zwerghamster (*Phodopus*).

Zur ersten Gattung zählt der Goldhamster (*Mesocricetus auratus*), zur zweiten der Chinesische Zwerg- oder Streifenhamster (*Cricetulus griseus*) und zur dritten Gattung gehören der Dshungarische Zwerghamster (*Phodopus sungorus*) und der Roborowski-Zwerghamster (*Phodopus roborovskii*).

Nachstehend die wichtigsten Erkennungsmerkmale und Charakteristika der einzelnen Arten.

Der Syrische Goldhamster

Mesocricetus auratus

Der Goldhamster gehört nach seiner Größe zu den sogenannten Mittelhamstern mit einer Kopfrumpflänge von 15 bis 18 cm und einer Schwanzlänge von 1,2 cm.

Es gibt ihn in zahlreichen Zuchtvarianten, die sich in Färbung, Zeichnung, Haarstruktur und auch in den Wesensmerkmalen unterscheiden.

So entstand beispielsweise der Russen-

Russenhamster. Er heißt so, weil seine weiße Grundfarbe an Nase, Ohren, Schwanz und Füßchen eine schwärzliche Verfärbung aufweist, so daß er wie »berußt« aussieht.

Goldhamster-Rassen im Überblick

	Aussehen	Wesenmerkmale
Wildfarbener Goldhamster	Rücken goldfarben, Bauchunterseite weiß, dunkle Ohren, massiver Körperbau	Konstitution robust, vital, aggressiv gegenüber Artgenossen, gut zähmbar, oft launisch
Cremefarbener Goldhamster	Kopf und Rücken gleichmäßig beige, Bauchunterseite etwas heller, dunkle Ohren, zierlicherer Körperbau	Konstitution robust, vital, friedfertig gegenüber Artgenossen, leicht zähmbar, unproblematisch
Russenhamster	Kopf und Rücken gleichmäßig weiß, dunkle Abzeichen an Nase, Ohren, Schwanz und Füßen (sog. Akromelanie), Augen dunkelrot, zierlicherer Körperbau	Konstitution robust, vital, friedfertig gegenüber Artgenossen, leicht zähmbar, ausgeglichen
Einfarbige Goldhamster	Kopf und Rücken gleichmäßig braun, grau, blau, schwarz, zobelfarben etc., Gesicht und Bauchunterseite etwas heller, unterschiedlicher Körperbau	Konstitution robust, vital, relativ friedfertig gegenüber Artgenossen, gut zähmbar, manchmal launisch
Schecken-Goldhamster	Scheckenzeichen in Form von weißen Flecken, Rändern oder Streifen, in Verbindung mit allen Grundfarben, unterschiedlicher Körperbau	Konstitution weniger robust, aggressiv gegenüber Artgenossen, schwierig zu zähmen, schreckhaft
Langhaar-Goldhamster oder Angorahamster	Fellstruktur lang und seidig, in Verbindung mit allen Grundfarben und Scheckungen, zierlicher Körperbau	Konstitution weniger robust und vital, gutmütig gegenüber Artgenossen, leicht zähmbar, ausgeglichen
Teddy-Goldhamster oder Satinhamster	Fellstruktur plüschartig, kurz- und langhaarig, in Verbindung mit den meisten Grundfarben, zierlicher Körperbau	Konstitution weniger robust und vital, unterschiedlich im Verhalten gegenüber Artgenossen, besonders leicht zu zähmen, ausgeglichen
Rex-Goldhamster	Fellstruktur samtig, nicht glatt anliegend, kurzhaarig, in Verbindung mit einigen Grundfarben, zierlicher Körperbau	Konstitution weniger robust und vital, unterschiedlich im Verhalten gegenüber Artgenossen, gut zähmbar, ausgeglichen

hamster, der ein gleichmäßig kurzes weißes Fell, jedoch dunkle Abzeichen an Nase, Ohren, Schwanz und Füßen hat (→ Foto, Seite 34) oder die Langhaar-Goldhamster mit ihrem langen seidigen Fell (→ Foto, Seite 38).
Zu den jüngsten Züchtungen gehört der Rex-Goldhamster. Sein Fell ist kurz und samtig weich, liegt jedoch nicht glatt an. Es gibt ihn in einigen Grundfarben wie beispielsweise grau oder blau.
Für den Anfänger in der Hamsterhaltung sind vor allem die kurzhaarigen wildfarbenen und die einfarbigen Goldhamster zu empfehlen. Diese Tiere haben eine besonders robuste Gesundheit und sind weniger empfindlich als die anderen Zuchtformen.
Hinweis: Eine genaue Übersicht über die verschiedenen Zuchtvarianten des Goldhamsters und ihre unterschiedlichen Wesensmerkmale finden Sie in der Tabelle auf Seite 35.

Foto oben: Scheckungen kommen in Verbindung mit allen Grundfarben vor.

Foto Mitte: Albinos erkennt man an ihren roten Augen.

Foto links: Cremefarbener Goldhamster.

Foto oben links:
Lackschwarzer Goldhamster.

Fotos oben rechts und unten:
Der wildfarbene Goldhamster stellt die Urform dar, auf die sämtliche Zuchtvarianten zurückgehen.

Der Chinesische Zwerg- oder Streifenhamster

Cricetulus griseus

Den Chinesischen Zwerg- oder Streifenhamster zählt man zur Gattung der Grauen oder Langschwänzigen Zwerghamster (→ Zoologische Systematik, Seite 34).

Seine Kopfrumpflänge beträgt 8 bis 12 cm, seine Schwanzlänge 2 bis 3 cm. Seine Rückenfärbung ist graubraun und von der helleren Bauchunterseite nicht scharf abgesetzt. Von der Stirn über die Rückenmitte verläuft ein schwarzer Aalstrich, der aber gelegentlich fehlen kann. Die Ohren sind sehr klein und haben eine dunkle Begrenzung. Auffallend sind die schlanke Körperform und die im Gegensatz zu den übrigen Hamstern spitz zulaufende Gesichtsform (→ Foto, Seite 41).

Wesen: Beim Chinesischen Zwerg- oder Streifenhamster ist das Wildtierverhalten noch sehr stark ausgeprägt. Weibliche Tiere sind gegenüber ihren männlichen Artgenossen ausgesprochen aggressiv. Nur Jungtiere lassen sich zähmen.

Der Dshungarische Zwerghamster

Phodopus sungorus

Der Dshungarische Zwerghamster gehört zu den Kurzschwänzigen Zwerghamstern (→ Zoologische Systematik, Seite 34). Seine Kopfrumpflänge mißt 7 bis 10 cm.

Foto links oben: Cremefarbene Goldhamster wirken besonders apart.

Foto rechts oben: Gescheckter Teddy- oder Satinhamster. Sein plüschartiges, silbern schimmerndes Fell erinnert an Teddybären.

Foto links: Langhaar- oder Angorahamster sind die einzigen Hamster, die man wegen ihrer besonderen Fellstruktur ab und zu kämmen muß.

Foto links oben: Scheckenhamster wie dieser schwarzweiße sind oft nicht so leicht zähmbar wie andere Farbspielarten.

Foto rechts oben: Auch das Fell der Langhaar-Goldhamster kann satinartig glänzen.

Foto rechts und unten: Wildfarbene Schecken werden am häufigsten im Zoofachhandel angeboten.

Sein etwa 1 cm langes Schwänzchen ragt nicht aus dem Fell hervor. Die graubraune Färbung der Körperoberseite schiebt sich in 3 charakteristischen Ausbuchtungen in das Weiß der Flanken bzw. der Körperunterseite. In der Rückenmitte befindet sich ein schwarzer Aalstrich.

In ihrem natürlichen Verbreitungsgebiet haben Dshungarische Zwerghamster während des Winters ein hellgraues, fast weißes Fell. Ein weiteres Charakteristikum sind ihre behaarten Fußsohlen.

Wesen: Dshungarische Zwerghamster haben ein ausge-

Foto links oben: Den Roborowski-Zwerghamster erkennt man vor allem an seiner Winzigkeit und den typischen weißen Flecken über beiden Augen.

Foto rechts oben: Typisch für den Dshungarischen Zwerghamster ist der kräftige, schwarze Aalstrich auf dem Rücken.

Foto oben: Der Chinesische Zwerg- oder Streifenhamster gehört zur Gattung der Langschwänzigen Zwerghamster. Sein 2 bis 3 cm langes Schwänzchen dient als Erkennungsmerkmal.

Foto unten: Wildfarbene Langhaar- oder Angorahamster gelten gegenüber ihren kurzhaarigen Verwandten als verträglicher.

Foto Seite 40 unten: Auch Langhaar- oder Angorahamster gibt es als Schecken.

sprochen gutmütiges und friedfertiges Wesen. Sie können zu mehreren in einem genügend großen Käfig oder Cricetinarium gehalten werden (→ Seite 51).

Der Roborowski-Zwerghamster

Phodopus roborovskii
Mit einer Kopfrumpflänge von 7 bis 9 cm ist er der Winzling unter den Hamstern.
Auch ihn rechnet man zur Gattung der Kurzschwänzigen Zwerghamster (→ Zoologische Systematik, Seite 34).

Seine Rückenfärbung ist fahlgelb mit einem rostfarbenen oder grauen Anflug. Bauchunterseite und Extremitäten sind weiß. Seine Fußsohlen sind wie beim Dshungarischen Zwerghamster behaart.
Als Erkennungsmerkmal dienen vor allem 2 symmetrisch über den Augen liegende weiße Flecken.
Wesen: Roborowski-Zwerghamster sind sehr scheu und werden nur in Ausnahmefällen handzahm. In einem genügend großen Käfig – am besten eignet sich wegen ihrer geringen Körpergröße ein Terrarium bzw. Cricetinarium (→ Seite 51) – können sie ebenfalls zu mehreren untergebracht werden.

Richtig halten und pflegen

Der Hamster gehört wohl zu den ansprechendsten Heimtieren, die es gibt. Wenn Sie seine Bedürfnisse genau kennen, wird es nicht schwer sein, ihm Lebensbedingungen zu schaffen, bei denen er gesund bleibt und sich rundherum wohl fühlt.

Was der Hamster alles braucht

Dem Käfig und seiner Ausstattung kommt bei der Haltung eines Hamsters ganz entscheidende Bedeutung zu. Nur in einem seinen Bedürfnissen entsprechend eingerichteten Hamsterheim fühlt er sich wohl und bleibt fit.

Der ideale Käfigstandort

Bevor man Überlegungen zum Kauf des Käfigs anstellt, sollte man sich über dessen Standort im klaren sein.

Geeignet ist ein ruhiger Platz in der Wohnung, wo der dämmerungs- und nachtaktive Hamster tagsüber ungestört schlafen kann. In freier Natur zieht sich der Hamster nach den Anstrengungen der Nacht zum Regenerieren in seinen dunklen, nahezu lärmisolierten Bau tief unter der Erdoberfläche zurück.

Auch das sogenannte Kleinklima in dem Raum, in welchem der Käfig steht, ist für das Wohlbefinden des Hamsters wichtig:

- Temperatur 18 bis 26 °C,
- Luftfeuchte 40 bis 70%,
- Beleuchtung ca. 60 Lux.

Vor allem die Temperatur darf den angegebenen Wert nicht unterschreiten, da Goldhamster ab 10 °C ihren Stoffwechsel drosseln und eine Art Winterschlaf beginnen. Minusgrade überleben sie nicht – ganz im Gegensatz zu den Zwerghamstern, die auch bei extremer Kälte aktiv bleiben.

Eine zu hohe Luftfeuchtigkeit schlägt sich im Haarkleid nieder und begünstigt Infektionen der oberen Luftwege.

Die Lichtstärke von 60 Lux entspricht in etwa der Beleuchtung eines Hausganges.

In den meisten Fällen bietet sich daher eine stille Ecke des Wohnzimmers zur Unterbringung des Hamsterkäfigs an.

Ungeeignet sind Räume, in denen viel geraucht wird oder ununterbrochen der Fernseher läuft. Auch ständige Hintergrundgeräusche von Elektrogeräten wie Geschirrspüler, Kühlschrank oder Computer schaden der Gesundheit des Hamsters. Ebenso beeinträchtigen Bodenerschütterungen durch herumtobende Kinder sowie zu große Helligkeit den Tiefschlaf der kleinen Nager und verkürzen ihre Lebensdauer.

Der richtige Käfig

Hamsterkäfige gibt es in vielen verschiedenen Formen, Farben, Materialien und mit unterschiedlichen Ausstattungen. Beim Käfigkauf sollten

TIP

Ein kleiner Tisch oder ein Unterschrank von etwa 65 cm Höhe, auf dem der Käfig steht, verschafft dem Hamster den nötigen Überblick und damit ein sicheres Gefühl. Auch Sie können ihn so gut beobachten und sich abends an seinem lebhaften Verhalten erfreuen.

Goldhamster klettern gern – aber nur, solange es aufwärts geht. In umgekehrter Richtung endet die Kletterpartie häufig mit einem Absturz.

Sie sich nicht nur von Ihrem ästhetischen Empfinden leiten lassen, sondern vor allem die Bedürfnisse des Hamsters im Auge behalten.
Bauweise: Im Zoofachhandel sind empfehlenswerte Hamsterkäfige in Form von Kunststoffwannen mit Gitteraufsätzen erhältlich. Die Gitteraufsätze müssen so in den Bodenteil eingepaßt sein, daß keine Kanten und Ränder zum Benagen ins Käfiginnere ragen. Es dauert sonst nur einige Nächte, bis sich der Hamster einen Ausstieg verschafft hat.
Hinweis: Zur Eigenart eines Hamsters gehört es, daß seine Nagezähne einen offenen Wurzelkanal haben und ständig nachwachsen. Deshalb nagt der Hamster an allem, was erreichbar ist. Holzkäfige kommen deshalb für Hamster nicht in Frage. Ein weiteres Argument gegen die Holzbauweise ist die Hygiene. Der stark ammoniakhaltige Hamsterurin wird vom Holz aufgesaugt und stört nicht nur unsere Nase, sondern reizt auch die Schleimhäute des Hamsters, der wegen seiner kurzen Beinchen gezwungen ist, die Luft unmittelbar über dem Boden einzuatmen.
Vergitterung: Die Anordnung der Gitterstäbe muß waagerecht sein, damit der Hamster klettern kann. Längsverdrahtungen bieten ihm keinen Halt, und er rutscht ab. Damit auch Junghamster nicht animiert werden, ihren Kopf durch die Gitterstäbe zu zwängen, dürfen diese maximal nur einen Abstand von 12 mm haben.

Ein Salzleckstein ist lebensnotwendig (→ Seite 68).

Eine Wasserflasche mit Trinknippel gehört in jeden Käfig.

Gesunder Knabberspaß aus dem Zoofachgeschäft.

Ein Laufrad sorgt für Bewegung (→ Seite 114).

Die Unterteilung des Hamsterkäfigs in mehrere Etagen vergrößert die Grundfläche (Modell Wagner & Keller).

Die Gitteraufsätze sollten matt verchromt oder galvanisch verzinkt sein. Farbige Sinterungen halten den scharfen Zähnen nicht stand, und der Draht darunter beginnt zu rosten. Verzichten Sie also auf weiße oder gar rosarote Käfigaufsätze! Auch messingartige Beschichtungen sind ungeeignet. Abgesehen davon, daß die Gitterstäbe für den lichtempfindlichen Hamster zu stark reflektieren, werden sie durch Oxydationsvorgänge infolge des Benagens sehr schnell unansehnlich. Auch die Hygiene läßt dann zu wünschen übrig, weil sich nur glatte Oberflächen gut reinigen lassen.

Zugänge: Für die täglichen Verrichtungen im Käfig sollte der Gitteraufsatz mehrere Türchen haben. Neben einem Türchen im Dachteil zum Herausheben des Hamsters sollte eines zum Beschicken des Futterplatzes im Seitenteil und eines in der Vorderfront als Ausstieg für den Freilauf vorhanden sein. Letzteres sollte so bemessen sein, daß es als Leiter nach unten geklappt in einem nicht zu steilen Winkel bis zum Boden reicht.

Höhe der Bodenwanne: Ideal ist eine Kantenhöhe von 8 bis 10 cm. So wird beim Buddeln nicht die halbe Einstreu herausbefördert, jedoch kann der Hamster in aufgerichteter Körperhaltung zum Sichern über den Rand schauen.

Farbe der Bodenwanne: Wählen Sie für die Farbe der Bodenwanne Naturtöne wie Grau, Braun oder Grün. Violett oder Pink schaden zwar dem Hamster nicht, weil er Farben nicht wahrnimmt, aber am besten zur Geltung kommt er meiner Meinung nach in naturnahen Farben.

Käfiggröße: Als Richtwert für die Mindestgröße gelten 60 cm Seitenlänge x 30 cm Tiefe x 30 cm Höhe. Nach oben sind keine Grenzen gesetzt – je geräumiger der Käfig ist, desto besser.

Käfigform: Rechteckformen ohne Schnörkel oder sonstigen Firlefanz bieten die beste Raumausnutzung.

Hinweis: Von Rundkäfigen (→ Foto, Seite 114) kann ich nur abraten. Sie fallen sehr klein aus (Durchmesser ca. 30 cm), lassen sich kaum hamstergerecht einrichten und sind schwerlich mit dem Tierschutzgesetz in Einklang zu bringen.

Auch die im Handel angebotenen weitgehend geschlossenen Baukastensysteme aus Kunststoff, sind für die Unterbringung von Hamstern nicht empfehlenswert. Abgesehen von ihren geringen Abmessungen sind die einzelnen Teile vor allem im Hinblick auf Luftaustausch und Wärmestau oft unzureichend konzipiert. Außerdem läßt die Hygiene innerhalb der labyrinthartigen, röhrenförmigen Gänge bald zu wünschen übrig. Die Gänge müssen zerlegt und mit einer Flaschenbürste gereinigt werden.

Ein Häuschen mit Deckel erleichtert die Kontrolle, und die vom Hamster getroffene Anordung der Vorräte kann bestehen bleiben.

Futternäpfe müssen einen festen Stand haben. Ihr Durchmesser muß so bemessen sein, daß sich der Hamster nicht hineinsetzen kann.

Ein Hamsterlaufrad sollte immer achsseitig geschlossen sein und von der anderen Seite freien Zugang ermöglichen.

Aquarien und Terrarien

Ausgediente Aquarien und rundum geschlossene Terrarien sind, was die Belüftung angeht, nicht unproblematisch.

Durch die Ausscheidungen des Hamsters kommt es in Bodennähe zu einer Anreicherung von Ammoniakdämpfen, da diese schwerer sind als Luft. Hinzu kommen erhöhte Wärme- und Feuchtigkeitswerte. Infolge seines enormen Bewegungsdranges benötigt der Hamster jedoch große Mengen Sauerstoff. Bei mangelnder Luftzirkulation führt die daraus resultierende Dauerbelastung zu einer Anfälligkeit gegenüber Atemwegs- und Hautinfektionen.

Glasbecken oder Terrarien ohne seitliche Belüftung sollten eine Mindestgrundfläche von 80 x 40 cm haben und die Höhe sollte 35 cm nicht übersteigen. Ideal sind solche Behältnisse jedoch auch dann noch nicht. Um ihr enormes Kletterbedürfnis zu befriedigen, wandern die Hamster ständig an der Scheibe entlang und hüpfen daran hoch. Abgesehen davon, daß diese vergeblichen Ausstiegsversuche an die Qualen des Sisyphus erinnern, ist die Glasfront stets mit Speichel verklebt und verschmutzt.

Hinweis: Bei Glasbecken nagt der Hamster häufig an der Verklebung der Scheiben. Dabei kann er Substanzen aufnehmen, die seiner Gesundheit schaden.

Sinnvolles Zubehör

Wie alle kleinen Nager lieben Hamster die Dreidimensionalität des Raumes. Dank ihrer kräftigen Oberarmmuskulatur können sie nicht nur sehr gut graben, sondern auch gewandt klettern. In freier Wildbahn sind sie es gewohnt, ihren Bau über einen fast senkrecht nach oben führenden Zugang zu verlassen, der bis zu 2,5 m lang sein kann.

Hamster lieben es, tagsüber in einer rundum geschlossenen Kuhle zu schlafen.

Demzufolge brauchen sie auch einen entsprechend strukturierten Käfig mit hamstergerechtem Inventar.

Zusätzliche Ebenen

Um die Käfigfläche zu vergrößern, kann man mehrere Etagen in den Käfig einziehen. Das setzt natürlich eine gewisse Käfighöhe voraus.

Zwischenböden aus Kunststoff mit dazugehörigen Aufgängen werden im Zoofachhandel angeboten und lassen sich sehr gut reinigen. Sie verfügen über eine seitliche Begrenzung und können daher mit Hobelspänen bestreut werden. Da sie den Hamsterzähnchen auf Dauer nicht standhalten, muß man sie von Zeit zu Zeit erneuern.

Auch durch querverlaufende Holzbrettchen von 8 bis 10 mm Stärke läßt sich der Käfig in

TIP

Auch für Zwerghamster ist die Unterbringung in einem Aquarium oder Terrarium nicht immer ideal. Besser, Sie richten den Tieren ein sogenanntes Cricetinarium ein. Dies ist in ein Behältnis aus Glas, dessen Frontseite mit Schiebetüren versehen ist und eine vergitterte Seitenfläche hat.

Leider läßt sich eine ganze Aprikose nicht in den Backentaschen verstauen.

Stockwerke unterteilen. Verbindungen schafft man durch Äste (→ Nagematerial, Seite 68) oder Leitern. Das Fixieren der Brettchen kann durch seitlich eingedrehte Schrauben erfolgen, die den querverlaufenden Gitterstäben aufliegen.
Hinweis: Da die Kosten für die Brettchen minimal sind, ist es aus Gründen der Hygiene empfehlenswert, gleich 2 Garnituren vorzusehen, damit beim wöchentlichen Säubern jeweils ein Satz saubere, trockene Brettchen im Austausch zur Verfügung steht.

Unverzichtbar – ein Häuschen zum Schlafen

Wildlebende Hamster verschlafen den Tag in einem Nest am Ende ihres Baues. Dort ist es gleichbleibend warm, dunkel, absolut ruhig und erschütterungsfrei.

Der lang anhaltende ungestörte Schlaf ist für das kleine Energiepaket, das nachts stundenlang in Aktion ist, von lebenserhaltender Notwendigkeit. Hamster, denen man die Voraussetzung dazu nicht bietet, werden oft aggressiv, neigen eher zu Krankheiten und haben eine kürzere Lebenserwartung.
Schlafhäuschen für Hamster werden im Zoofachhandel in vielfältigen Ausführungen angeboten. Es gibt sie aus Holz, Kunststoff und Keramik. Sie werden auf den Käfigboden gestellt oder sind mit einer Aufhängevorrichtung an der Vergitterung anzubringen.
Letztere verfügen zusätzlich über eine Einsteigleiter.
Holzhäuschen sind meistens quadratisch und sehr klein. Ihre Seitenlänge beträgt 10 bis 12 cm, ihre Höhe 8 bis 10 cm. Das Schlupfloch hat einen Durchmesser von 4 cm.
Kunststoffhäuschen haben in etwa dieselben Abmessungen. Mit ihren bunten Dächern sind sie zwar nett anzusehen und leicht zu reinigen, haben aber den Nachteil, sich mit der feuchten Ausatmungsluft des Hamsters zu beschlagen und schmierig zu werden. Das Abnehmen und Wiederauf-

setzen des Daches ist zudem nicht möglich, ohne die Ruhe des kleinen Schläfers zu stören.
Keramikiglus (→ Foto, Seite 90) haben den Vorteil, daß sie nicht zernagt werden können. Allerdings sind sie für Goldhamster zu knapp dimensioniert, für Zwerghamster dagegen ausreichend groß.
Hinweis: Achten Sie beim Kauf eines Schlafhäuschens unbedingt auf eine ausreichende Größe. Man erkennt zu kleine Schlafhäuschen daran, daß sie vom Hamster beim Begehen mit gefüllten Backentaschen durch den Käfig geschoben oder sogar umgestoßen werden. Im Innern ist der Platz für ausreichendes Nestmaterial zu gering, da der schlafende Hamster in einer rundum geschlossenen Kuhle liegen möchte (→ Foto, Seite 50). Außerdem ist keine Ecke mehr frei für den obligatorischen Futtervorrat, der täglich ergänzt wird. Auch die Dunkelheit läßt meist zu wünschen übrig, selbst wenn die Türöffnung und das eigentlich überflüssige Guckfenster vor dem Zubettgehen vom Hamster zugestopft werden.

Wie kannst du deinem Hamster eine Freude machen?

Am meisten freut sich dein Hamster über einen großen Käfig. Hamster brauchen nämlich viel Bewegung. In einem geräumigen Käfig mit mehreren Etagen kann dein Hamster sich richtig austoben. Eine ganz besonders große Freude kannst du deinem Hamster machen, wenn du ihm Verstecke im Käfig einrichtest. Schau dir das Bild auf Seite 75 an. Diese »Höhle« besteht aus einem Stück Baumrinde. Darüber liegt Moos. Man sieht dem kleinen Hamster auf dem Bild an, wie gern er unter die Baumrinde schlüpft und die »Höhle« erforscht. Ein Stück Baumrinde findest du vielleicht bei einem Waldspaziergang oder im Garten. Wenn du keine Rinde findest, kannst du auch gewölbte Stücke aus Zierkork verwenden. Zierkork bekommst du im Zoofachgeschäft.
Für den Auslauf im Zimmer solltest du deinem Hamster eine Buddelkiste einrichten. Hamster graben leidenschaftlich gern mit Hilfe ihrer kräftigen Vorderpfötchen. Verwende für die Buddelkiste einen großen stabilen Karton zum Beispiel einen Umzugskarton. Fülle auf den Boden des Kartons eine etwa 20 cm dicke Schicht Kleintierstreu. Wird dein Hamster abends munter, holst du ihn aus seinem Käfig und setzt ihn für eine Stunde in die Buddelkiste.

Ein ideales Hamsterrad ist möglichst groß, unfallsicher konzipiert, hat einen festen Stand, qietscht nicht und kann nicht zernagt werden.

Geschickte Bastler können ein rechteckiges hamstergerechtes Häuschen selbst bauen (→ Zeichnung, Seite 48). Man verwendet dazu 8 bis 10 mm starke Brettchen aus Fichten- oder Kiefernholz. Spanplatten oder Sperrholz sind wegen des darin enthaltenen, für Hamster giftigen Leims nicht geeignet. Die einzelnen Teile werden verschraubt oder mit einem ungiftigen Biokleber zusammengefügt. Die Vorteile eines rechteckigen Hamsterhäuschens im Eigenbau: Fester Stand, mehr Dunkelheit, mehr Platz für Polstermaterial und eingehamstertes Futter, leichtere und weniger störende Nestkontrolle, bequemere Reinigung.

Futtergefäße

Streng genommen brauchen Hamster gar keine Futtergefäße, da sie es gewohnt sind, das Futter vom Boden aufzunehmen und vor dem Einhamstern in die Backentaschen zu säubern. Für Käfigverhältnisse, und wenn man Futterstellen zum Aufsuchen während des Freilaufs einrichtet (→ Seite 58), empfiehlt es sich jedoch, im Zoofachgeschäft nach Futterschüsselchen zu schauen. Besonders beim Verabreichen von Saftfutter entstehen sonst unhygienische Verhältnisse. Auch vom Trockenfutter werden meistens ein paar Körner liegengelassen.

Porzellanschälchen oder flache, glasierte Steingutnäpfe sind am besten geeignet (→ Zeichnung, Seite 48). Sie kippen nicht und sind leicht zu reinigen. Der Durchmesser muß so beschaffen sein, daß die Tiere nicht hineinklettern können. Sie werden sich sonst in das zu große Gefäß setzen und das Futter mit ihren Ausscheidungen verschmutzen (→ Pflegemaßnahmen, Seite 70).

Wassertränke

Obwohl Hamster als Bewohner von Trockengebieten ihren Wasserbedarf überwiegend über das Saftfutter decken, sollte man ihnen trotzdem immer Wasser zur Verfügung stellen. Auch wenn man sie fast nie trinken sieht, darf man es ihnen nicht vorenthalten. Vor allem in der heißen Jahreszeit und infolge geringer Luftfeuchtigkeit während der Heizperiode bekommen die Tiere gelegentlich Durst.

Da Wasserschälchen sehr rasch mit Einstreu verschmutzen, sollten Sie sich besser für eine Tränkeflasche entscheiden. Am besten haben sich Nippeltränken bewährt, die außen am Käfig angebracht werden und ein abgewinkeltes Aluminiumrohr mit einem Stahlkügelchen vor der Öffnung besitzen. Drückt der Hamster mit den Lippen oder der Zunge das Kügelchen nach oben, tritt tropfenweise Wasser aus.

Neuerdings sind Nippeltränken mit zwei hintereinander liegenden Stahlkugeln im Angebot, die das Wasser besonders gut halten.

Hinweis: Glasflaschen ohne Kügelchen vor der Öffnung funktionieren zwar auch, neigen aber bei schwankenden Zimmertemperaturen zum Auslaufen. Durchnäßte Einstreu mit vermehrtem Auftreten von Fäulniskeimen ist die Folge.

Einstreu

Wichtig für das Wohlbefinden des Hamsters ist der richtige Käfigbodenbelag. Er darf nicht stauben, muß gut saugfähig und frei von Schadstoffen sein.

Kleintierstreu (aus dem Zoofachhandel) ist sehr gut geeignet. Sie besteht aus staubarmen Hobelspänen ohne Imprägnierungsstoffe. Füllen Sie den Käfigboden bis zu einer Höhe von 3 bis 5 cm mit der Einstreu auf.

Rindenmulch und Strohpreßlinge (im Zoofachhandel erhältlich) sind ebenfalls als Einstreu zu empfehlen.

Mit Getreideähren und Grasrispen beschäftigen sich Hamster wie in freier Natur. Gleichzeitig wird der nötige Abrieb der Nagezähne gefördert.

Das Foto zeigt zwei der relativ seltenen Campbell-Zwerghamster.

Sägemehl und Torfmullgemische sind von der Struktur her zu fein. Der beim Buddeln entstehende Staub reizt die Lidbindehäute und verklebt die Nasenöffnungen des Hamsters. Durch Einatmen von Torfpartikeln, die häufig verpilzt sind, kann es zu lebensbedrohlichen Veränderungen im Lungengewebe kommen.

Katzenstreu ist ebenfalls zu staubig und für die Fußsohlen des Hamsters auf Dauer zu scharfkantig.

Nestbaumaterial

Zum Auspolstern des Schlafnestes und zur Wärmeisolation benötigen Hamster Nestbaumaterial. Sie formen sich daraus eine richtige Kugel, in deren Mitte sie zusammengerollt schlafen. Im Zoofachhandel wird dafür verschiedenes Zubehör angeboten.

Scharpie ist sehr gut als Polstermaterial geeignet. Sie besteht aus kurzen Leinwandfäden.
Synthetische Hamsterwatte ist weniger geeignet, da sie gelegentlich zu Verstopfungen der Backentaschen führt.
Kokosfasern wie sie Vögeln zum Nisten angeboten werden sind zu sperrig und die Tiere verhaken sich leicht mit den Füßchen darin.
Man kann sich aber auch selbst behelfen, indem man Heu, Stroh, dünne Zweige, Packpapierschnitzel, Zellstoff, unparfümierte Papiertücher, Toilettenpapier etc. zum Aufsammeln auslegt (→ Seite 87).
Hinweis: Woll- und Bastfäden können Abschnürungen an den Vorder- und Hinterpfötchen des Hamsters verursachen.

Hamsterspielzeug und Laufrad

Der Zoofachhandel bietet verschiedenes Spielzeug für Hamster an.
Gut geeignet sind Gegenstände aus Holz wie z.B. Wippen oder durchbohrte Holzwürfel. Sie sind jedoch mehr zur Beschäftigung außerhalb des Käfigs gedacht. Im Käfig würden sie zuviel Platz wegnehmen.
Nicht geeignet sind Geräte aus Kunststoff. Abgenagte Plastiksplitter können beim Hamster schwere Verdauungsstörungen hervorrufen.
Ein Laufrad sorgt zwar für ausreichende Bewegung, jedoch stellt das unaufhörliche Laufen im Laufrad eine Art Stereotypie dar (→ Seite 112).
Hinweis: Bitte lesen Sie zum Thema Hamsterspielzeug bzw. Laufrad auch den Text auf Seite 115 bis 117.

Ein Hamstermännchen (rechts) erkennt man an seinem spitz zulaufenden Hinterteil und an den wulstartig hervortretenden Hoden.

Die Wohnung »hamstersicher« machen

Gefahrenquelle	**Mögliche Auswirkung oder Schädigung**	**Vorbeugende Maßnahmen**
Fenster, Türen	Entweichen, Quetschwunden, Stürze	Türen und Fenster während des Auslaufs geschlossen halten
Lüftungsschächte	Entweichen	Zusätzliche, engmaschige Vergitterungen
Sockel von Einbaumöbeln, Wandspalten, Heizkörper	Verstecken, Anlegen eines Schlafplatzes, Festklemmen, Verletzungen	Verschließen der Zugänge, Anbringen von Verkleidungen bei Schränken und Heizkörpern
Gebeiztes, lackiertes und mit Holzschutzmitteln vorbehandeltes Holz	Schleimhautreizungen, Vergiftungserscheinungen (Speicheln, Durchfall, Atembeschwerden, Krämpfe, Bewußtlosigkeit), Verenden	Absperrungen, Anbieten von frischem Nagematerial
Elektrogeräte	Verbrennungen, Stromschläge	Elektrogeräte abschalten, keine freiliegenden Kabel, Stecker ziehen, Kindersicherungen
Wassergefäße	Hineinrutschen, Unterkühlen, Ertrinken	Entfernen, Abdeckungen
Giftpflanzen (→ Seite 58), schimmelige Blumentopferde	Vergiftungserscheinungen (→ oben), Verenden	Zimmerpflanzen hochstellen, Nagematerial richtig auswählen
Medikamente (Tabletten, Pillen)	Je nach Wirkstoff Unruheerscheinungen, Schläfrigkeit, Unterkühlung	Verschlossen aufbewahren
Textile Materialien (Teppiche, Vorhänge, Strickutensilien)	Verwendung als Nestmaterial, Verstopfung der Backentaschen, Vergiftungen, Verhaken mit den Zehen	Anbieten von geeignetem Polstermaterial, Beaufsichtigung während des Freilaufs
Mensch, Hund, Katze	Verletzungen durch Tritte, Quetschungen durch Sitz- oder Liegemöbel, Bißverletzungen	Vorsicht beim Umhergehen, Hinsetzen und Hinlegen, Aussperren anderer Haustiere

Freilauf in der Wohnung

Gewähren Sie nur einem erwachsenen und einigermaßen handzahmen Hamster Auslauf. Davor muß das Zimmer »hamstersicher« gemacht werden. Stellen Sie deshalb vor allem Zimmerpflanzen, die für den Hamster giftig sind, außerhalb seiner Reichweite. Dazu gehören u.a.: Becherprimel, Christusdorn, Kakteen, Korallenbäumchen, Kroton, Mistel und Weihnachtsstern. Weitere Gefahrenquellen sind in der Tabelle auf Seite 57 genannt.

Heraus aus dem Käfig: Stellen Sie den Käfig auf den Boden und öffnen Sie das Fronttürchen. Lassen Sie das Tier selbst entscheiden, wann es herausklettern möchte. Der Fußboden darf nicht zu glatt, kalt oder zugig sein (Steinboden möglichst vermeiden – Gefahr von Atemwegsinfektionen und Durchfall!).

Die kurzen Vorder- und Hinterläufe des Hamsters machen

Beim Freilauf in der Wohnung sollten Sie Ihrem Hamster Futter an verschiedenen Stellen auslegen. So wird er dazu animiert, aktiv zu werden.

Aufrichten mit nach unten weisenden Laufflächen der Vorderpfoten signalisiert erhöhte Aufmerksamkeit.

ihn sehr anfällig für Verletzungen. Schon das Herunterfallen aus Tischhöhe kann tödliche Wirbelsäulenverletzungen zur Folge haben. Deshalb sollte sich der Freilauf des Hamsters immer ebenerdig abspielen. Aber selbst auf ebenem Terrain lauern noch zahllose Gefahren, die die Tiere vor allem wegen ihres schlechten Sehvermögens nicht erkennen.

Hinweis: Beschäftigen Sie den Hamster während des Freilaufs. Legen Sie dem Tier Futter und Material zum Nestbau an verschiedenen Stellen des Raumes aus. Der Hamster ist dann wie in der Natur mit dem Transport zum Vorrats- bzw. Schlafplatz beschäftigt.

Zurück in den Käfig: Wenn der Hamster Hunger bekommt, geht er meist von selbst in den Käfig zurück. Dauert Ihnen dies zu lange, dürfen Sie keinesfalls hinter ihm herjagen. Dies würde das Tier erschrecken und aufgebautes Vertrauen zu Ihnen sofort zunichte machen. Legen Sie besser Leckerbissen wie z.B. Trockenfrüchte aus und versuchen Sie ihn so, in den Käfig zu locken. Auch ein Plastikbecher tut hier gute Dienste (→ Seite 108).

Hinweis: Zwerghamster sind für Ausflüge in der Wohnung aufgrund ihrer geringen Körpergröße und Flinkheit ungeeignet.

Kein Auslauf im Freien

So verlockend es scheinen mag, den Hamster mit auf die Terrasse zu nehmen und ihn dort oder im angrenzenden Rasen frei laufen zu lassen, so gefährlich ist dies. Es dauert nur Minuten, bis sich die Tiere in der neuen Umgebung zurechtgefunden haben und ihr angeborenes Wildtierverhalten die Oberhand gewinnt. Im Nu haben sie Schlupfwinkel entdeckt und sind nicht mehr auffindbar. Auch senkrechte Wände stellen kein Hindernis für die Flucht dar. An rauhem Verputz können sie ohne Schwierigkeiten emporklettern. Lockeres Erdreich animiert sie zum Eingraben, und was Tarnfarbe heißt, merkt man sehr schnell, wenn sie in Laub oder bodendeckendem Gestrüpp verschwunden sind. Ebenso ungeeignet als Hamsterfreilauf ist der Balkon, den man komplett abdichten und vor allem im Hinblick auf Absturzmöglichkeiten sichern muß – ein schwieriges und aufwendiges Unterfangen.

Gesunde Ernährung

Körnerfutter allein reicht nicht aus, um Ihren Hamster gesund und fit zu halten. Er braucht Abwechslung im Speiseplan. Frisches Grünfutter, Obst, Gemüse und eiweißreiches Futter wie etwa 1 bis 2 Mehlwürmer oder ein Teelöffel Quark pro Tag ergänzen die Nahrungsliste.

Was Hamster in der Natur fressen

Als Wüsten- und Steppenbewohner sind Hamster keine besonderen Gourmets. Um zu überleben, müssen sie alles verwerten, was ihnen ihr Lebensraum an Genießbarem bietet. Da das Futterangebot wegen der nur kurzen Regenperioden während des Jahres stark variiert, sind sie außerdem gezwungen, Vorratswirtschaft zu betreiben.

Hamster sind Gemischtköstler, wobei der vegetarische Anteil deutlich überwiegt. In erster Linie knicken sie Grashalme, um an die samentragenden Ähren zu gelangen. Daneben wird Saftfutter in Form von Blättern, Kräutern, Wurzeln und Beeren aufge-

Das Strecken nach Futter ist eine natürliche Fitneßübung.

Gurkenscheiben mögen Hamster besonders gern. Da Gurkenreste schnell verderben, müssen sie regelmäßig aus dem Häuschen entfernt werden.

nommen, das gleichzeitig dazu dient, den Flüssigkeitsbedarf zu decken. Der Bedarf an tierischem Eiweiß, der besonders bei heranwachsenden Jungtieren und säugenden Weibchen ausgeprägt ist, wird über Kleintiere wie Würmer, Schnecken, Gliederfüßler und deren Larven sowie gelegentlich Nestlinge von bodenbrütenden Vögeln gedeckt.

Die Kunst der Vorratshaltung

Die Eigenart des Hamsters, für schlechte Zeiten Vorsorge zu treffen, hat sich sogar im deutschen Sprachgebrauch niedergeschlagen. Hamstern oder Hamsterkäufe stehen für das Anschaffen großer Mengen von Nahrungsmitteln zur Vermeidung von Notsituationen. Zu diesem Zweck legt der Hamster in seinem Bau kammerartig erweiterte Blindstollen an, in denen er einen 6- bis 9-monatigen Futtervorrat bis zu einem Gewicht von mehreren Kilogramm speichern kann.

Diesen angeborenen Trieb behalten auch Hamster im Käfig bei, indem sie das angebotene Futter bis auf einige sofort verzehrte Leckerbissen in die Backentaschen stopfen und in ihr Schlafhäuschen oder in ein eigens angelegtes Versteck in einer Käfigecke bringen. Dort wird es sortiert und sorgfältig aufgeschichtet.

Eingehamstert wird grundsätzlich solange, bis nichts mehr da ist. Dies kann soweit gehen, daß manche Hamster auf einmal außerhalb des Häuschens schlafen, weil es ihnen wegen der angesammelten Vorräte im Innern zu eng wird.

Deshalb darf das Hamsterhäuschen einerseits nicht zu klein sein, andererseits muß sparsam gefüttert werden. Besonders bei verderblichem Frischfutter ist Zurückhaltung geboten (→ Fütterungsplan, Seite 64).

Hinweis: Hamsterhäuschen mit Deckel gestatten eine Kontrolle der eingehamsterten Vorräte auf verdorbene Bestandteile, ohne die vom Hamster getroffene Anordnung der einzelnen Futterstoffe zu zerstören (→ Zeichnung, Seite 48).

Die Ernährung des Hamsters als Heimtier

So bescheiden wie in seiner angestammten Umgebung sind auch die Nahrungsansprüche des Hamsters im Käfig. Er braucht nur wenig, und das wenige ist in der Regel preiswert. Im Zoofachhandel gibt es ein breit gefächertes Angebot an Hamstermischungen für jeden Geschmack und jeden Geldbeutel. Daneben verabreicht man Grün- und Saftfutter in Form von Obst und Gemüse sowie etwas tierisches Eiweiß.

Jedoch darf man nicht wahllos alles füttern, wonach einem der Sinn steht. Die Behauptung, Tiere nähmen nur das auf, was ihnen bekommt, trifft nicht zu. Deshalb einige Hinweise.

Die Fütterungsgrundlage bei der Ernährung des Hamsters bildet das Trockenfutter. Es besteht zumeist aus gereiften Sonnenblumenkernen, Weizen, Hafer, Mais, Erbsen, Kürbiskernen und Grünfutterpreßlingen. Auch geschälte Erdnüsse, Haselnüsse und Walnüsse sowie Knabberteilchen aus verschieden gefärbtem Maisgetreidebrei werden zugesetzt. Sind derartige Hamstermischungen als »Alleinfutter« deklariert, müssen sie alle wichtigen Nährstoffe enthalten und dürfen keine fütterungsbedingten Mangelschäden hervorrufen. Hersteller mit Qualitätsbewußtsein geben eine Gehaltsanalyse auf der Packung ebenso an wie eine Dosierungsrichtlinie und Hinweise zur Haltbarkeit. Folgende Inhaltsstoffe müssen zur Bedarfsdeckung enthalten sein:

Wer Grünes für seinen Hamster selbst sammelt, muß sich darüber informieren, was für ihn geeignet ist und was nicht.

Frisches Grünfutter, Obst und Gemüse beugen auch beim Hamster Mangelerkrankungen vor.

60 bis 65% Kohlenhydrate (= Zuckerbausteine), 16 bis 24% Rohprotein (= Eiweißkörper), 3 bis 10% Rohfett (= Fett und fettähnliche Substanzen) , 8% Rohasche (= Mineralstoffe und sonstige anorganische Substanzen) sowie Rohfaser (= Zellulose und zelluloseähnliche Substanzen) und Rohwasser (= Feuchtigkeitsgehalt). Unter dem Begriff »EWG Zusatzstoffe« versteht man ungefährliche Farbzusätze.

Hinweis: Kaufen Sie kein Futter mit bloßen Allerweltsaufdrucken wie »Spezialmischung«, »Vollwertkost«, »Gesundfutter«, »Tiergerechte Zusammensetzung« oder »Alles Lebensnotwendige enthalten«. Achten Sie auf das Verfallsdatum! Fehlt es oder ist es unleserlich, sollte man Vorsicht walten lassen. Zur Sicherheit das Verkaufspersonal nach der Haltbarkeit fragen, und das Futter nach Aussehen und Geruch überprüfen.

Es darf weder schmutzig oder staubig sein, noch darf es muffig oder ranzig riechen!

Saftfutter

Frisches Grünfutter, Obst und Gemüse dienen neben der Flüssigkeitszufuhr vor allem der Vitamin- und Mineralstoffversorgung des Hamsters.

Grünfutter kann man sich aus dem Garten holen oder vom Spaziergang mitbringen. Besonders beliebt sind Löwenzahn, Bärenklau, Hirtentäschel, Breit- und Spitzwegerich, Weißer und Roter Wiesenklee, Vogelmiere, Sauerampfer und süße Gräser (→ Zeichnung, unten).

Hinweis: Sammeln Sie nichts vom Straßenrand oder von frisch gedüngten Wiesen. Hier ist die Umweltbelastung durch Schwermetalle – Bleisalze an erster Stelle – zu groß.

Obst kann in jeder Form angeboten werden. Je nach Jahreszeit gibt man Erdbeeren, Himbeeren, Weintrauben, Apfel-

Grundspeiseplan für die richtige Ernährung

Fütterungsintervall	Futterart	Futterbezeichnung und Menge*
1mal pro Tag	Trockenfutter	Hamstermischung oder Alleinfutter in Pelletform: 1 gehäufter Eßlöffel (15 g)
	Saftfutter	Wiesengrün: 5 bis 10 Kräuter oder Gräser
		Obst und Früchte: 1 Apfelschnitz oder 1 Weintraube oder 1 Erdbeere
		Gemüse: 1 Stück Karotte oder 1 Gurkenscheibe oder 1 Blumenkohlröschen oder 1 Salatblatt
	Lebendfutter	Mehlwürmer: 1 bis 2
	Rauhfutter	Heu und Stroh: 1 Handvoll
	Nagematerial	Zweige: 2 bis 3
	Wasser	Zur beliebigen Aufnahme
2 bis 3mal pro Woche	Eiweißfutter	Rinderhack, Hüttenkäse, Quark oder Fruchtjoghurt: 1 Teelöffel
1mal pro Woche	Leckerbissen	Kräcker: 1 Trockenfrüchte: 1 bis 2 Hundekuchen: 1

* bezogen auf den Goldhamster – Zwerghamster erhalten die Hälfte.

und Birnenschnitze sowie entsteinte Kirschen, Pflaumen, Aprikosen und Pfirsiche. Bei den Südfrüchten sollte man sich auf die Banane beschränken, da Zitrusfrüchte wegen ihres relativ hohen Gehalts an Fruchtsäuren nicht von jedem Tier gleichermaßen vertragen werden (→ Verdauungsstörungen, Seite 74).

Wer gern Trockenfrüchte füttern möchte, sollte diese im Reformhaus kaufen und darauf achten, daß sie nicht geschwefelt sind. Favorisiert werden

TIP

Leckerbissen dürfen nur sporadisch verabreicht werden. Lassen Sie sich nicht von der bunten Verpackung blenden, und lesen Sie immer die Angaben zu den Inhaltsstoffen. Bedenken Sie, daß das aufgenommene Futter im richtigen Verhältnis zur körperlichen Beanspruchung stehen muß, wenn die Tiere nicht verfetten sollen!

Rosinen, Korinthen, Aprikosen, Datteln, Feigen und Pflaumen sowie Hagebutten und Vogelbeeren.

An Gemüse können Sie dem Hamster nahezu alles anbieten. Neben den verschiedenen Blattsalaten, Spinat, Chicorée, Petersilie und Kresse stehen Produkte mit »Biß« wie Karotten, Gurken, Zucchini, Broccoli, Blumenkohl, Sellerie, Rote Bete, Tomaten und Kartoffeln besonders hoch im Kurs.

Eiweißfutter

Tierisches Eiweiß in geringer Menge ist ein wichtiger Bestandteil der Hamsternahrung. Zwei- bis dreimalige Gaben pro Woche sind ausreichend. Man gibt entweder Rinderhack, Hüttenkäse, Quark oder den besonders beliebten Fruchtjoghurt.

Vom Quantum her sollte die Einzelgabe so bemessen sein, daß sie sofort verzehrt wird, und keine Reste übrigbleiben. Maximal ist das für Goldhamster 1 Teelöffel voll, für Zwerghamster genügt die Hälfte. Was darüber hinaus geht, wird wegen der raschen Verderblichkeit zum Hygieneproblem.

Ebenfalls zum Eiweißfutter zählen Hundekuchen. Da sie von

Sobald der Hamster Futter vom Finger nimmt, bezeichnet man ihn als futterzahm.

harter Konsistenz sind, dienen sie gleichzeitig als Nagematerial und werden auch entsprechend geschätzt. Ein Teilchen pro Woche ist durchaus vertretbar.

Lebendfutter

Analog zu den Kleintieren, die Hamster in freier Natur aufnehmen, kann man gelegentlich auch Futtertiere aus dem Zoofachhandel verabreichen. Neben Grillen, Heimchen und Wanderheuschrecken eignen sich in erster Linie Mehlwürmer sehr gut. Es handelt sich dabei um die Larven des Mehlkäfers, die man auch auf Vorrat halten kann.

Mehlwurmhaltung: Setzen Sie die Mehlwürmer in ein größeres Gurkenglas, das etwa zu einem Viertel mit Haferflocken gefüllt wird. Legen Sie zusätzlich täglich ein oder zwei gewaschene und abgetrocknete Salatblätter zur Vitaminversorgung in das Glas hinein. Um einer möglichen Schimmelbildung vorzubeugen, ist eine wöchentliche Reinigung des Behältnisses sinnvoll.

Je besser die Mehlwürmer versorgt werden, desto wertvoller sind sie als Futtertiere. Verschlossen wird das Glas mit einem grobmaschigen, luftdurchlässigen Tuch (→ Foto, Seite, 67). Als Standort wählt man einen nicht zu hellen Platz bei normaler Zimmertemperatur.

Mehlwürmer können bis zu 10 Stück pro Woche verfüttert werden. Auch die Puppen und die frisch gehäuteten Mehlkäfer selbst werden verzehrt.

Grillen, Heimchen und Heuschrecken werden von Zeit zu Zeit einzeln verabreicht und am besten immer frisch im Zoofachhandel besorgt.

Wer sich scheut, seinem Hamster Mehlwürmer aus der Hand zu geben, sollte eine Pinzette dazu nehmen.

Haferflocken und gelegentlich ein Salatblatt bilden die Futtergrundlage der Mehlwürmer.

Dürfen Hamster Bonbons und Schokolade essen?

Immer wenn Sandra ihren Hamster belohnen wollte, gab sie ihm ein Stück Schokolade, einen Keks und manchmal ein Bonbon. Doch davon wurde der Hamster schwer krank. Er bekam verstopfte Backentaschen und konnte nicht mehr fressen. Sandra mußte mit ihrem Hamster zum Tierarzt gehen.
Süßigkeiten sind kein Hamsterfutter! Belohne deinen Hamster mit anderen Leckerbissen. Er liebt zum Beispiel ein bis zwei Trockenfrüchte wie Rosinen oder Datteln oder du gibst ihm einen Teelöffel voll Fruchtjoghurt. Sorge dafür, daß er immer frische Zweige zum Knabbern hat. Damit machst du ihm eine große Freude und es hält seine Schneidezähne in Form.

Rauhfutter

Hamster haben keinen direkten Bedarf an Heu oder Stroh wie etwa Kaninchen. Bei einer gehaltreichen Futterzusammenstellung ist jedoch das Anbieten von Ballaststoffen zur Unterstützung der Darmtätigkeit erforderlich.
Das als Nestbaumaterial angebotene Heu und Stroh erfüllt diesen Zweck. Achten Sie jedoch darauf, daß Heu und Stroh von einwandfreier Qualität sind!

Leckerbissen

Neben den Trockenfuttermischungen werden im Zoofachhandel eine Reihe unterschiedlich zusammengesetzter Leckerbissen für Hamster angeboten, die sogenannte Ergänzungsfuttermittel darstellen. Unter der Bezeichnung »Knabberspaß«, »Kräcker« etc. signalisieren sie, daß sie vor allem auf das Nagebedürfnis der Hamster abzielen. Es handelt sich zumeist um Holzstäbchen mit einer Aufhängevorrichtung, an die Sonnenblumenkerne, getrocknete Früchte, Splitter von verschiedenen Nußarten und Getreidekörner unter Zuhilfenahme von Melasse oder Honig angeklebt werden.
Von Vorteil ist, daß sich die Tiere nagenderweise damit beschäftigen können, und ihnen so die Langeweile des Käfigdaseins auf sinnvolle Weise ein wenig vertrieben wird. Nachteilig ist der zumeist sehr hohe Fettanteil dieser Produkte, da bei Nüssen und Sonnenblumenkernen der Rohfettgehalt etwa 50% beträgt.
Ähnliches gilt für die verschiedenen Drops und Tabs, die in immer neuen Varianten auf den Markt kommen.

Nur noch kurze Zeit werden die fast erwachsenen Jungen von der Mutter in ihrer Nähe geduldet.

Nagematerial

Nagematerial in Form von frischen Ästen und Zweigen dient nicht nur der Befriedigung des Nagetriebs und als Maßnahme gegen Käfiglangeweile, sondern es enthält auch ernährungsphysiologisch wertvolle Bestandteile wie Fett, Stärke und Mineralstoffe.

Besonders der unter der Borke (= Außenrinde) liegende Bast (= Innenrinde) scheint gut zu schmecken.

Geeignet sind Laubgehölze wie Weide, Buche, Ahorn, Birke, Haselnuß, Birnbaum und Apfelbaum mit und ohne Blätter. Zweige oder Äste von unbekannten Gehölzen oder von Gartenziergewächsen sollte man grundsätzlich nicht nehmen, da sie oft für den Hamster giftig wirkende Bestandteile enthalten.

Hinweis: Keine Zweige von Straßenrändern (Autoabgase!) oder von gespritzten Obstbäumen (Insektizide!) verwenden!

Salzleckstein

Wie alle Vegetarier haben Hamster einen Zusatzbedarf an Salz. Dies liegt daran, daß in pflanzlicher Nahrung der Salzgehalt etwa 10 mal geringer ist als im Eiweiß. Den Salzbedarf erkennt man daran, daß die Tiere in einer Mangelsituation alle möglichen Gegenstände oder auch die Haut des Menschen belecken.

Der Zoofachhandel hält ein breites Angebot verschiedener Salzlecksteine bereit (→ Foto, Seite 46).

Trinkwasser

Die Ansichten zum Thema Trinkwasser beim Hamster sind sehr unterschiedlich. Dies liegt daran, daß manche Tiere nie beim Wasseraufnehmen beobachtet werden, weil sie ihren Flüssigkeitsbedarf ausschließlich über das Saftfutter decken. Andere hingegen gehen allabendlich wiederholt an die Wasserflasche und löschen auf diese Weise ihren Durst. Da das Anbringen einer Tränkevorrichtung keine Probleme bereitet, das Fehlen jedoch im Bedarfsfalle gesundheitsschädlich sein kann, sollte auf keinen Fall darauf verzichtet werden (→ Seite 54). Am bekömmlichsten ist für kleine Nager Mineralwasser ohne Zusatz von Kohlensäure. Leitungswasser ist wegen des hohen Chlorgehaltes nur in abgekochtem Zustand zu empfehlen. Tägliches Erneuern ist nötig.

Die Pflege des Hamsters

Wie alle kleinen Nager sind auch Goldhamster sehr hygienebewußt und betreiben mehrmals täglich intensive Körperpflege. Deshalb beschränken sich Ihre Pflegemaßnahmen lediglich auf die Reinigung von Käfig und Zubehör.

Fellpflege

Mit der Zunge beleckt sich der Hamster ausgiebig das Fell und putzt sich zusätzlich mit den Vorderpfötchen. Besonders nach dem Schlafen und nach dem Entleeren der Backentaschen sowie im Anschluß an die Mahlzeiten wird das Fell einer gründlichen Revision unterzogen und auf Hochglanz gebracht.

Da der Hamster also sein Fell selbst in Ordnung hält, entfallen Kämmen und Bürsten. Lediglich beim Langhaar-Goldhamster oder Angorahamster ist es manchmal notwendig, hängengebliebene Teile der Einstreu oder des Nestmaterials zu entfernen.

Hinweis: Überlange Krallen, die aber nur selten vorkommen, sind ein Fall für den Tierarzt. Er weiß, wie er den Hamster beim Nagelschneiden richtig fixiert, und wie weit man die Krallen kürzen kann, ohne daß es blutet. Ein Hamster darf nicht gebadet werden, denn er trocknet nur sehr langsam und erkältet sich leicht.

Pflege von Käfig und Zubehör

Hamster legen im Käfig stets ein oder zwei Toilettenecken an, die sie im Bedarfsfalle immer wieder aufsuchen. Den übrigen Teil ihres Wohnbereichs halten sie mustergültig sauber.

Die Einstreu muß nur einmal pro Woche insgesamt gewechselt werden.

Für die Urinecken empfiehlt sich ein Reinigungsintervall von zwei Tagen, wobei es ausreichend ist, das durchnäßte Material mit einem Schäufelchen zu entfernen.

Hinweis: Die im Zoofachhandel angebotenen Hamstersprays gegen Uringeruch sind wegen der relativ geringen Geruchsentwicklung der Hamsterausscheidungen nicht nur überflüssig, sondern irritieren den Hamster.

Käfigschale, Gitteraufsatz und Zubehör sollten einmal wöchentlich mit heißem Wasser abgewaschen werden. Keine

TIP

Verdorbene Reste von Saftfutter wie Obst und Gemüse müssen regelmäßig aus dem Schlafhäuschen entfernt werden. Die übrigen Vorräte sollten Sie im Häuschen belassen, möglichst in der gleichen Sortierung wie sie der Hamster vorgenommen hat.

Der Hamster pflegt sein Fell besonders intensiv und ausdauernd.

Wenn man diesen Kraftakt sieht, erstaunt es nicht mehr, daß ein Goldhamster auch sonst kräftig zubeißen kann.

Spül- oder Desinfektionsmittel benutzen!

Das Schlafhäuschen muß ebenfalls regelmäßig gesäubert werden (→ TIP, Seite 70). Vom Nistmaterial wird immer nur der verschmutzte Teil entfernt, damit der Eigengeruch des Hamsters so weit wie möglich erhalten bleibt.

Futternäpfe und Nippeltränke müssen täglich gründlich mit heißem Wasser ausgewaschen werden. Für die Trinkeflaschen gibt es spezielle Reinigungsbürsten, mit deren Hilfe sich Algenwachstum am Glasbehälter verhindern läßt.

Auch das Trinkröhrchen mit den beiden Stahlkügelchen muß mitgereinigt werden.

Hinweis: Während des Großreinemachens ist Ihr Hamster am besten in einem Transportbehälter für Kleinnager aufgehoben (→ Foto, Seite 26).

Gesundheitsvorsorge und Krankheiten

Von Natur aus haben Hamster eine ausgesprochen robuste Konstitution. Bei richtiger Haltung und gesunder Ernährung werden die meisten Tiere während ihrer relativ kurzen Lebenszeit nicht krank. Wer also die bislang erteilten Ratschläge befolgt hat, wird nur in Ausnahmefällen einen Tierarzt zu Rate ziehen müssen.

Vorsorgen ist besser als Heilen

■ Empfindlich reagieren Hamster vor allem auf Streß.

Man versteht darunter wie beim Menschen eine Aktivierung des sympathischen Nervensystems und der Nebenniere. Dabei kommt es im Körper zur Ausschüttung sogenannter Streßhormone aus dem Nebennierenmark und aus der Nebennierenrinde. Als Folge davon wird die Herztätigkeit gesteigert, der Blutdruck steigt an, die Skelettmuskulatur wird stärker durchblutet und aus der Leber wird Blutzucker freigesetzt.

Alle diese Prozesse dienen dazu, Kräfte zu aktivieren, sei es nun gegen Feinde oder schädigende Umwelteinflüsse. Der unerwünschte Nebeneffekt besteht in einer Schwächung des Immunsystems, einer geringeren Durchblutung der Haut, des Magen-Darm-Systems und der Nieren. Auf diese Weise werden bei anhaltendem Streß Hautkrankheiten, Verdauungsstörungen und Nierenschädigungen provoziert. Außerdem wird der Aufbau körpereigener Substanz gehemmt, wodurch es zu einem für den Laien unerklärlichen Gewichtsverlust trotz eines ausgewogenen Futterangebots kommt.

Spielsachen wie dieser Würfel aus dem Zoofachgeschäft kommen dem Bewegungsbedürfnis des Hamsters entgegen.

Junge Hamster vergnügen sich gern bei gemeinsamen Kletterübungen.

Vor allem starke Lärmeinwirkung und Störungen während der Ruhephasen stellen eine ständige Belastung für den Hamster dar und setzen die körperliche Widerstandsfähigkeit gegenüber Krankheiten herab (→ Der ideale Käfigstandort, Seite 44).
Auch die Gemeinschaftshaltung unverträglicher Tiere auf zu engem Raum bei fehlenden Rückzugsmöglichkeiten, sogenannter Populationsdruck, bedeutet Dauerstreß (→ Einzel- oder Paarhaltung, Seite 18). Solche Hamster reduzieren ihre Futteraufnahme, magern ab, sind weniger aktiv, vernachlässigen die Fellpflege und werden entweder depressiv oder aggressiv.

■ Starke Schwankungen im Temperatur-, Licht- und Luftfeuchtigkeitsbereich (Kleinklima) wirken auslösend auf das Entstehen von Atemwegserkrankungen (→ Der ideale Käfigstandort, Seite 44).

■ Krankheitsanfällig machen den Hamster aber auch einseitiges und verdorbenes Futter, schlechtes Trinkwasser sowie Pestizide und Schwermetalle in hoch belasteten Pflanzen (→ Seite 63 und Seite 68).

■ Lebensbedrohliche Unfälle ereignen sich zumeist während

Checkliste möglicher Krankheitsanzeichen

Beobachtete Veränderungen	**Ursachen, die man selbst abstellen kann**	**Ursachen, die nur der Tierarzt beheben kann**
Nachlassende Aktivität, zunehmendes Schlafbedürfnis, reduzierte Futteraufnahme, Abmagern	Zu niedrige Umgebungstemperatur, Dauerstreß (→ Seite 72), Mängel am Käfig und seiner Ausstattung, Fütterungsfehler, Partner	Alle Krankheiten, die mit Allgemeinstörungen einhergehen wie z. B. Infektionen, Organschäden etc.
Rötung der Haut, Juckreiz, Wundschorf, Haarausfall	Mangelhafte Käfighygiene, Wärmestau, zu hohe Luftfeuchtigkeit, Beißereien mit Artgenossen, einseitige Fütterung	Hautparasiten, Pilzbefall, umfangreiche Bißwunden, Selbstverstümmelung, Hormonstörungen
Tränende Augen, Lichtscheu, geschwollene Augenlider, Niesen, verklebte Nasenöffnungen, erschwerte Atmung mit Nebengeräuschen	Zu heller Käfigstandort, Zugluft, staubige Einstreu, zu hohe oder zu geringe Luftfeuchtigkeit, Temperaturschwankungen	Bindehautentzündungen, Infektion der Luftwege, beginnende Hirnhautentzündung (LCM), Lungenentzündung
Fellverklebungen um die Mundspalte, säuerlicher Geruch, wischende Bewegungen über den Mund, unvollständiges Entleeren der Backentaschen	Verstopfung der Backentaschen mit Hamsterwatte oder Verklebung mit aufgeweichten Süßigkeiten	Zahnanomalien, Verletzungen und Abszesse der Backentaschen
Ungeformter, dünnflüssiger Kot mit Blutbeimengungen, aufgekrümmter Rücken, fauliger Geruch, Fellverklebungen um After und Schwanz, Mastdarmvorfall	Verdorbenes Futter, insgesamt zu hoher Saftfutteranteil, Grünfutter vom Straßenrand, Giftpflanzen, ungewaschenes Obst und Gemüse, Verfüttern direkt aus dem Kühlschrank	Darmentzündung (»Wet tail« → Foto, Seite 79), Austrocknung, Abmagerung
Lahmen, Nichtbelasten einer Extremität, Nachziehen des gesamten Unterkörpers, nasses Bauchfell	Zu lange Krallen, Verhaken in ungeeignetem Nestbaumaterial, falsches Laufrad, nicht ausreichend organisierter Freilauf	Bißwunden, Fußnekrosen durch Abschnürungen, Verstauchungen, Frakturen, Wirbelsäulenverletzungen

TIP

Sollten Sie im Zweifel darüber sein, ob Ihr Hamster tatsächlich so krank ist, daß Sie ihn zum Tierarzt bringen müssen, rufen Sie einfach in der Praxis an. Die Tierarzthelferin kann Ihnen zumeist schon am Telefon bei der Entscheidung behilflich sein.

des Freilaufs in der Wohnung (→ Seite 58) und im Zusammenhang mit Laufrädern (→ Seite 114).

■ Nicht zuletzt kann mangelnde Käfighygiene die Gesundheit des Hamsters im Hinblick auf Infektionen erheblich beeinträchtigen (→ Seite 70/71).

Krankheitsanzeichen

Es ist für den Laien nicht einfach, eine Erkrankung des Hamsters frühzeitig zu erkennen. Am ehesten fallen Veränderungen seiner Lebensgewohnheiten auf. Der Hamster schläft deutlich mehr, wirkt lustlos, nimmt weniger Futter auf und will in Ruhe gelassen werden. Da so ein kleiner Organismus nur über geringe körperliche Reserven verfügt und infolge seines intensiven Stoffwechsels sehr rasch abbaut, sollte man möglichst bald tierärztlichen Rat einholen.

Hinweis: Die Checkliste auf Seite 74 hilft Ihnen, auffällige Veränderungen an Ihrem Hamster richtig einzuordnen.

Die häufigsten Krankheiten

Wie schon erwähnt, basieren die meisten Erkrankungen der Hamster auf Haltungsfehlern. Hierzu zählen Unfallverletzungen, Bißwunden, Atemwegsinfektionen, Verdauungsstörungen mit leichtem bis schwerem Durchfall und entzündliche Veränderungen der Körperoberfläche. Sie sind für den Menschen bis auf wenige Ausnahmen nicht ansteckend und insofern auch für Kinder ungefährlich.

Mit solch einem Versteck kann man einem Hamster eine Riesenfreude bereiten.

Krankheiten, die vom Tier auf den Mensch übettragen werden können, bezeichnet man als Anthropozoonosen. Besonders bei innigem Körperkontakt wie beim Schmusen oder infolge mangelhafter Käfighygiene können sich Kinder manchmal über ihren Hamster infizieren. Im Verhältnis zur Vielzahl der in Wohnungen gehaltenen Hamster spielen diese Krankheiten jedoch nur eine untergeordnete Rolle. Trotzdem sollte man über die wichtigsten Anthropozoonosen Bescheid wissen:

Lymphozytäre Choriomeningitis (LCM)

Eine Krankheit, wegen der besorgte Mütter häufig beim Tierarzt anfragen, ist die ansteckende Hirnhautentzündung. Es handelt sich dabei um eine virusbedingte Seuche, die junge Hamster bis zu einem Alter von 3 Monaten befällt, und vor allem in größeren Zuchten übertragen wird.

Anzeichen: Das Erscheinungsbild ist sehr untypisch und gleicht am ehesten dem einer Erkältungskrankheit mit Bindehautentzündung und gestörtem Allgemeinbefinden. Nur in Ausnahmefällen werden

Von dieser Seite aus klappt es leider nicht so gut mit dem Hochklettern.

Gelegentlich ein frischer Maiskolben ist für Hamster ein besonderer Leckerbissen.

Streckkrämpfe und Lähmungen beobachtet.

Achtung: Die Krankheit ist auf den Menschen übertragbar. die Ansteckung erfolgt über Harn, Kot und Speichel und führt nach einer Inkubationszeit von 1 bis 2 Wochen zu einem grippeähnlichen Krankheitsbild ohne weitere Komplikationen. Es ist jedoch auch eine schwerere Verlaufsform möglich, bei der es zur Ausbildung einer Gehirnhautentzündung kommt. Besonders gefährdet sind Schwangere, bei denen das Virus Frühgeburten und Mißbildungen beim Ungeborenen (*Fetus*) hervorrufen kann.

Behandlung: Wird ein Junghamster kurze Zeit nach dem Erwerb krank, sollte man zur Vorsicht immer den Tierarzt aufsuchen. Über eine Blutuntersuchung kann im Zweifelsfall LCM festgestellt werden. Die Krankheit ist für den Hamster nur in Ausnahmefällen tödlich. Meist hat er sie innerhalb von 3 Wochen überstanden.

Hinweis: Eine LCM-Infektion tritt nur bei Junghamstern unter 5 Monaten auf. Ältere Tiere werden nicht von der Krankheit befallen. Achten Sie beim Kauf sorgfältig darauf, daß Sie ein gesundes Tier erwerben (→ Seite 28). Zusätzlich sollte man den Zoofachhändler fragen, ob der Hamster aus einer LCM-freien Zucht stammt. Da das Virus nicht sehr stabil ist und außerhalb des Körpers rasch inaktiviert wird, bringen vorbeugende Hygienemaßnahmen ein zusätzliches Maß an Sicherheit (→ Seite 70).

Salmonellose

Salmonellen gehören zu den gefürchtetsten Erregern von Darminfektionen.

Krankheitsanzeichen: Gestörtes Allgemeinbefinden, Futterverweigerung und unstillbarer Durchfall.

Ursache: Infektion mit Salmonellen (*Salmonella typhimurium*

und *Salmonella enteritidis*). Die Ansteckung erfolgt durch kotverschmutztes Futter und durch unsaubere Einstreu.
Behandlung: Sofort zum Tierarzt. Salmonelleninfektionen führen beim Hamster meist innerhalb weniger Tage zum Tod.
Achtung: Um eine mögliche Infektionsgefahr für den Menschen auszuschließen, sollte das verendete Tier in ein tierärztliches Labor zur Untersuchung eingeschickt werden. Salmonellen können bei Kindern und Erwachsenen schwere Darmerkrankungen auslösen. Der Tierarzt weiß, wo die entsprechenden diagnostischen Untersuchungen vorgenommen werden.

Trichophytie

Die Trichophytie gehört zu den häufigsten Hautpilzerkrankungen.
Anzeichen: Zunächst Rötungen der Haut und starker Juckreiz. Im späteren Verlauf bilden sich Bläschen und Krusten sowie rundliche Kahlstellen infolge abbrechender Haare.
Ursache: Kontakt mit Pilzsporen (Erreger: *Trichophyton mentagrophytes*). Die Anstekkung erfolgt beim Hamster häufig über Torfstreu, aber auch Tiere ohne sichtbare Hautveränderungen können den Pilz übertragen.
Behandlung: Nur durch den Tierarzt.
Achtung: Kinder infizieren sich besonders leicht an den Händen und im Gesicht. Deshalb sollten sie nach der Beschäftigung mit dem Hamster die Hände waschen und vor

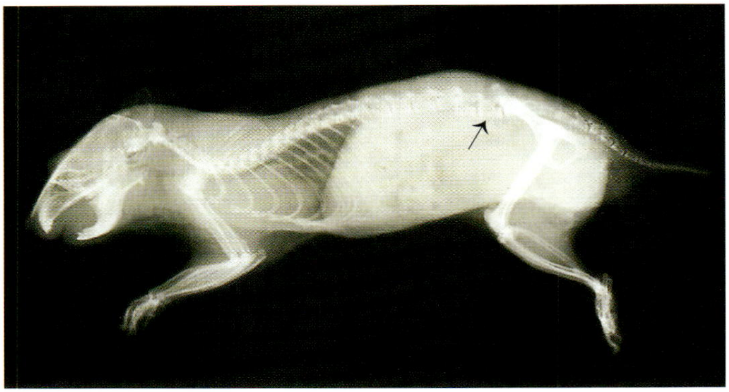

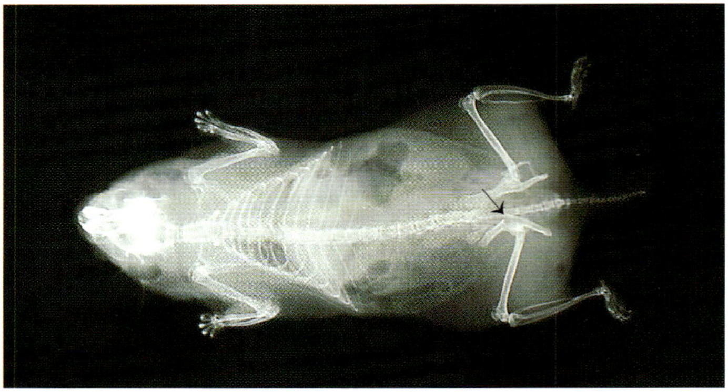

Bereits Stürze aus geringer Höhe können beim Hamster zu schweren Verletzungen führen. Im Röntgenbild oben eine Wirbelsäulenfraktur, unten ein Beckenbruch.

Die Naßschwanzkrankheit endet oft tödlich (→ rechts).

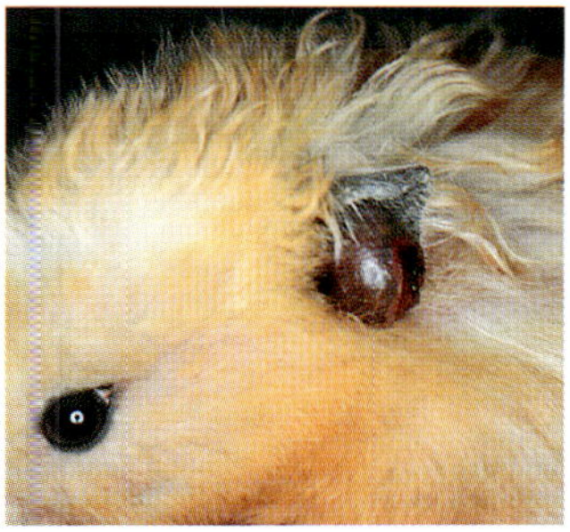

Bösartiger Tumor der Ohrmuschel (→ Seite 80).

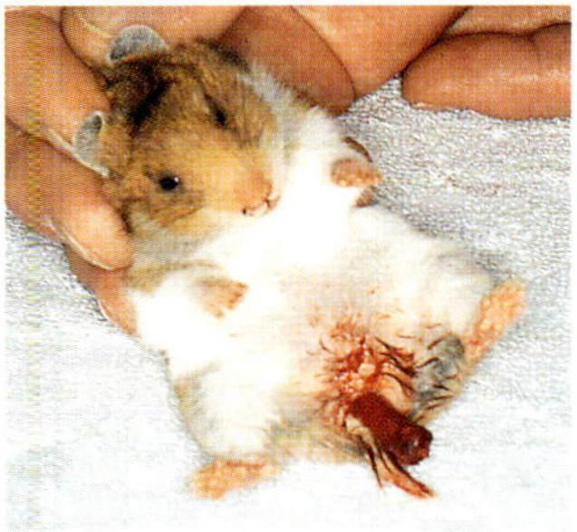

Mastdarmvorfall bei einem Junghamster (→ rechts).

allem das Küßchengeben unterlassen! Treten juckende Hautrötungen auf, müssen Sie unverzüglich einen Hautarzt aufsuchen.
Nachstehend noch Hamsterkrankheiten, die relativ häufig vorkommen, aber nicht auf den Menschen übertragbar sind.

Naßschwanzkrankheit

Diese Darmkrankheit, lateinisch *Proliferative Ileitis*, im Englischen »Wet tail«, wird vor allem bei Junghamstern im Alter von 3 bis 8 Wochen beobachtet (→ Foto oben).
Anzeichen: Verklebungen im Analbereich, wäßriger Durchfall, Mastdarmvorfall (→ Foto unten).
Ursachen: Verschiedene Streßauslöser, wie das Trennen von der Mutter, ein neuer Käfig, Transport, Futterumstellung oder ein zu kalter Käfigstandort führen zu einer Störung im Bereich der Darmflora, und es kommt zu einer Kolibazillose.
Behandlung: Sofort zum Tierarzt. Bei akutem Verlauf verenden die Tiere innerhalb von 2 Tagen. Bei nicht akutem Verlauf, der sich über mehrere Tage erstreckt, kann der Tierarzt helfen.
Hinweis: Auf keinen Fall selbst mit Schwarztee, Tierkohle oder anderen Hausmitteln einen Behandlungsversuch unternehmen! Jeder Tag ohne tierärztlliche Hilfe kann über Leben und Tod entscheiden!

Speichelkrankheit

Hierbei handelt es sich um eine Entzündung der Speicheldrüsen.
Anzeichen: Mumpsähnliche Symptome, gelegentlich mit Lähmungen.
Ursache: Virusinfektion.
Behandlung: Sofort zum Tierarzt. Eine direkte Behandlungsmöglichkeit gibt es noch nicht. Der Tierarzt kann jedoch Maßnahmen zur Stützung der körpereigenen Abwehr ergreifen.

Räudemilbenbefall

Ein Befall mit Räudemilben gehört zu den hartnäckigsten Hautkrankheiten.
Anzeichen: Fellschäden, gerötete und borkige Haut, Juckreiz.
Ursachen: Bei diesen Symptomen muß man beim Hamster zunächst an eine Unterversorgung mit Vitamin A und E denken, in deren Verlauf sich sehr leicht eine Räude entwickeln kann. Neben der am häufigsten auftretenden

Demodikose (Erreger: *Demodex criceti* und *Demodex aurati*) werden auch Sarkoptesräude (Erreger: *Sarcoptes anacanthos*) und Notoedresräude (Erreger: *Notoedres notoedres*) festgestellt.
Behandlung: Sofort zum Tierarzt. Da sich Räudemilben fast ausschließlich in geschwächten Organismen mit unzureichender Immunabwehr vermehren, genügt hier meistens eine bloße Behandlung mit Räudemitteln nicht. Ein Überprüfen und Verbessern der gesamten Haltungsumstände sind Voraussetzung für einen Therapieerfolg.

Keratokonjunktivitis

Diese Krankheit wird durch die knopfartig hervortretenden Augen des Hamsters begünstigt.
Anzeichen: Starker Tränenfluß, der mit einer Austrocknung der Augenoberfläche einhergehen kann.
Ursachen: Staubige Einstreu, Verletzungen in Augennähe.
Behandlung: Nur durch den Tierarzt. Wenn eine Behandlung mit entsprechenden Augenpräparaten keine Heilung bringt, oder wenn der Augapfel vor die Augenhöhle tritt (*Exophthalmus*) ist eine Operation, bei der das veränderte Auge entfernt werden muß, unumgänglich.

Tumore

Tumore sind Gewebswucherungen, die besonders bei älteren Hamstern auftretetn.
Anzeichen: Geschwülste im Bereich des Gesäuges und der Körperoberfläche.
Ursache: Bereits mit 15 Monaten setzt beim Hamster der Alterungsprozeß ein. Ab diesem Zeitpunkt können Tumore auftreten, die zumeist bösartig sind.

Dieses empfehlenswerte Spielzeug aus Trockengras kommt dem Erkundungsverhalten des Hamsters entgegen.

Woran erkennst du, daß dein Hamster alt geworden ist?

Hamster werden nur 2 bis 3 Jahre alt. Daß dein Hamster alt ist, und du mit seinem Tod rechnen mußt, kannst du an seinem Verhalten und an seinem Aussehen erkennen. Wenn es Abend wird, kommt er nicht mehr wie früher munter aus seinem Häuschen heraus, sondern bleibt lieber zusammengerollt darin liegen. Er »hamstert« weniger Futter und bewegt sich auffallend unsicher. Dein Hamster beginnt abzumagern, und sein Fell wird struppig. Eines Tages liegt er tot im Käfig. Sei nicht allzu traurig. Ein Hamster wird nun einmal nicht älter, selbst, wenn du ihn vorbildlich gepflegt hast. Einen toten Hamster darf man im Garten begraben.

Behandlung: Hier muß der Tierarzt entscheiden, ob er operiert oder nicht. Größe und Lage des Tumors sowie das Alter des Hamsters sind dabei ausschlaggebend.

Pflege des kranken Hamsters

Ein kranker Hamster braucht vor allem Ruhe und Wärme. Wärmelampen dürfen immer nur einen Teil des Käfigs bestrahlen, damit das Tier auch eine kühlere Stelle aufsuchen kann. Der Abstand vom oberen Käfigrand muß mindestens 60 cm betragen. Vorsichtshalber sollte man oben auf den Käfig ein Raumthermometer legen und darauf achten, daß die Quecksilbersäule nicht über 30 °C klettert.

Verschmutzungen um die Körperöffnungen werden mit Hilfe eines angefeuchteten Wattestäbchens oder mit einem speziellen Einwegtuch (Fresh Guy® Feuchte Reinigungstücher, Janssen GmbH) beseitigt.

Hinweis: Den Hamster keinesfalls waschen oder baden, da er sich sonst zusätzlich eine Erkältung holen kann.

Das Eingeben von Medikamenten geht am besten mittels eines Mehlwurms. Man benetzt oder bestäubt ihn mit dem entsprechenden Präparat und hält ihn dem Hamster mit der Pinzette vor die Nase.

Das Verabreichen von Augentropfen sollten Sie sich von Ihrem Tierarzt zeigen lassen.

Fiebermessen ist nur mit einer dünnen Thermosonde oder einem prismatischen Kinderthermometer möglich.

Wegen der Verletzungsgefahr sollte das Fiebermessen in jedem Fall dem Tierarzt vorbehalten bleiben.

Hamster züchten

Vor allem für Kinder und Jugendliche beinhaltet das Beobachten von Paarung, Trächtigkeit, Geburt und Aufzucht der Jungtiere ein besonderes Erlebnis und trägt zu einem besseren Naturverständnis bei. Doch die Hamsterzucht birgt auch Probleme in sich.

Problematik der Zucht

Bei allen Lebewesen bildet die Fortpflanzung im Rahmen ihrer Existenz die Hauptaufgabe. Ohne Nachkommen erscheint besonders das auf Vermehrung programmierte Dasein der kleinen Nager ohne Sinn und Inhalt. Geht man also von einer artgemäßen Haltung aus, wäre das Züchten ein wesentlicher Bestandteil des Hamsterlebens. Trotzdem kann man nicht jedem Hamsterhalter die Zucht empfehlen.

Die Probleme bestehen darin, daß Hamster zu den fruchtbarsten Säugetieren überhaupt gehören. Das Hamsterweibchen bringt nach einer extrem kurzen Tragzeit von gut 2 Wo-

Eine Hamstermutter mit ihren Jungen. Die Kleinen kommen völlig nackt und blind zur Welt.

TIP

Setzen Sie zur Paarung immer das Weibchen zum Männchen in den Käfig – nie umgekehrt. Weibchen sind nur jeden 5. oder 6. Tag brünstig. An den übrigen Tagen beißen sie das Männchen energisch weg und verteidigen ihr Revier.

chen durchschnittlich 6 bis 10 Junge zur Welt. Hinzukommt, daß die Weibchen im Zyklus von nur einer Woche brünstig werden, und praktisch eine Trächtigkeit in die andere übergeht.

Die kurze, komplikationslose Aufzuchtphase von 21 Tagen, und das Eintreten der Zuchtreife im Alter von 3 Monaten begünstigen ebenfalls die rasante Vermehrung.

In freier Natur müssen sich Hamster deshalb so zahlreich vermehren, weil sie viele Feinde haben. Nur so können sie das Überleben ihrer Art sicherstellen.

Wer also ein Hamsterpärchen anschaffen möchte, um damit zu züchten, muß sich angesichts dieser Zahlen zuerst um feste Abnehmer für die Jungtiere kümmern. Die Erfahrung zeigt jedoch, daß der stolze Züchter häufig mit seinen Jungtieren allein dasteht und gezwungen ist, zusätzliche Käfige anzuschaffen, da die Tiere von Woche zu Woche unverträglicher werden und ihrerseits mit der Paarung beginnen.

Außerdem möchte jeder Hamsterinteressent ein möglichst junges Tier. Mit zunehmendem Alter der Hamster werden die Absatzschwierigkeiten immer größer. Vier Wochen vergehen schnell, und beim Hamster tut sich da einiges in der körperlichen Entwicklung (→ Tabelle, Seite 91).

Am günstigsten ist es, bei einem Zoofachgeschäft nachzufragen, ob man den Nachwuchs dort unterbringen kann. Gegebenenfalls kann man sich auch erkundigen, für welche

Bei der Paarung verfällt das Hamsterweibchen in die sogenannte Deckstarre.

Zuchtvarianten der Goldhamster oder für welche Zwerghamsterrasse Verkaufschancen bestehen, so daß man sich von vorn herein für eine von diesen entscheidet.

Räumliche Voraussetzungen

Die wichtigste Anschaffung zur Hamsterzucht besteht in einem zweiten Käfig, da sich Männchen und Weibchen im wahrsten Sinne des Wortes zunächst nicht riechen können. Um Verletzungen zu vermeiden, die sogar tödlich enden können, muß eine räumliche Trennung möglich sein. Nur während der Brunsttage wird das Männchen vom Weibchen toleriert, das seine Paarungsbereitschaft über spezielle Duftmarken zum Ausdruck bringt (→ Seite 99). Durch wiederholtes Zusammensetzen findet man heraus, ob das Weibchen soweit ist, daß man die beiden beieinander lassen kann, oder ob man sie wieder trennen muß. Zum Schutz der eigenen Hände sollten Sie auf jeden Fall Lederhandschuhe tragen!

Der Käfig sollte mindestens 60 cm lang, 30 cm tief und 30 cm hoch sein, damit ein zweites Schlafhäuschen darin Platz findet. Manchmal möchte das Hochzeitspaar in der Hochzeitsnacht getrennt schlafen, und später brauchen die Jungen mehr Platz.

Hinweis: Die Zucht von Zwerghamstern ist einfacher. Die Tiere sind meist so verträglich, daß sie ständig paarweise gehalten werden können. Besonders Wurfgeschwister, die nie getrennt wurden, harmonieren sehr gut miteinander. Man muß lediglich beachten, daß sie das richtige Zuchtalter haben (→ Seite 11).

Paarungsverhalten

Sobald das Weibchen den Bock nicht mehr wegbeißt, beginnt dieser mit dem Vorspiel zur Paarung.

Normalerweise wird das Junge von der Mutter an der Nackenfalte gepackt und ins Nest zurückgetragen.

Wenn das Kleine sehr zappelig ist, packt es die Mutter, wo sie es gerade erwischt.

Das Männchen stupst seine Angebetete mit der Nase in die Flanken und beleckt sie vom Kopf bis zum Schwänzchen. Dabei werden besonders die Genitalien und die Bauchunterseite intensiv beschnuppert und untersucht.

Das Weibchen läuft zum Schein ein paar Schritte davon. Dabei folgt ihr das Männchen und versucht immer wieder, ihr Hinterteil mit der Nase hochzustoßen und in Deckposition zu bringen. Schließlich fällt das Weibchen in eine Art Starre und bleibt mit durchgebogenem Rücken und senkrecht erhobenem Schwänzchen stehen. Nun folgt der relativ kurze Deckakt, bei dem das Männchen beim Weibchen aufreitet (→ Foto, Seite 83). Nach dem Koitus löst sich die Deckstarre und nach gründlichem Putzen wiederholt sich das gesamte Ritual von neuem, bis das Weibchen seinen Partner abzuwehren beginnt.

Hinweis: Ob man die beiden sofort danach trennt oder sie noch zusammenläßt, hängt davon ab, wie sie sich vertragen. Aber länger als einen Tag hält die Liebe zumindest beim wildfarbenen Goldhamster in der Regel nicht! Bei den verträglicheren Zuchtvarianten wie beim cremefarbenen Hamster oder beim Russenhamster geht es auch manchmal auf Dauer zu zweit. Ebenso bei den Zwerghamstern.

Tragezeit

Die Tragezeit der Hamster ist extrem kurz (→ Trächtigkeitsdauer, Seite 11). Schon nach einer Woche merkt man an der vermehrten Futteraufnahme, am zunehmenden Leibesumfang und am Verhalten des Weibchens, daß eine Befruchtung stattgefunden hat. Es ist pausenlos damit beschäftigt, Futter einzuhamstern und Nistmaterial ins Häuschen zu tragen. Jetzt erweist es sich von Vorteil, wenn man ein großes Schlafhäuschen mit aufklappbarem Deckel gezimmert hat (→ Zeichnung, Seite 48). Ist es nämlich zu klein, wird das Wurfnest außerhalb angelegt und das kann bei nervösen Weibchen zum Problem werden (→ Kannibalismus, Seite 88).
Wollen Sie das Nest kontrollieren, geht das bei einem Häuschen mit Deckel ohne Schwierigkeiten. Beim Hochheben des Häuschens hingegen bringt man die ganze Ordnung durcheinander, weil alles auseinanderrutscht (→ Nestkontrolle, Seite 87).
Sie selbst können nur wenig zur Unterstützung der werdenden Hamstermutter beisteuern. Berücksichtigen Sie jedoch folgende Punkte:

Was soll Michael mit all den Hamstern machen?

Markus besitzt ein Goldhamster-Pärchen. Da sich die beiden Tiere überhaupt nicht vertragen, schenkt er das Weibchen seinem Freund Michael. Als Michael eines Morgens in den Käfig schaut, traut er seinen Augen nicht. Im Nest liegen 6 nackte, junge Hamster. Also hatte sich das Goldhamster-Pärchen für kurze Zeit doch ganz gut verstanden. Die Jungen waren schließlich der Beweis dafür. Was sollte Michael bloß mit all den Hamstern machen? Er wußte, daß die Jungen schon mit 3 Wochen fast erwachsen sind. Dann gibt es Streit im Käfig. Die Hamstermutter duldet ihre Kleinen nicht mehr in ihrer Nähe. Deshalb müssen die Jungen von der Mutter getrennt werden. Außerdem können die jungen Weibchen bereits mit 8 Wochen selbst Kinder bekommen. 4 von den 6 Jungtieren waren Weibchen. Michael rechnete schnell: Wenn jedes der Weibchen wiederum 6 Junge haben würde, hätte er bald über 30 Hamster. Sofort setzte sich Michael an seinen Schreibtisch und schrieb einen Zettel für das »Schwarze Brett« an seiner Schule: »Möchte 6 Hamsterkinder kostenlos abgeben.« Gott sei Dank fand Michael Mitschüler, die ihm die kleinen Hamster abnahmen.

TIP

Das trächtige Hamsterweibchen trägt eifrig Nistmaterial ins Schlafhäuschen ein. Beim Freilauf im Zimmer sollten Sie deshalb Stücke von Packpapier, Zellstoff, Toilettenpapier und etwas Heu oder Stroh auslegen. So ist das Tier wie in der Natur mit dem Transport zum Nest beschäftigt.

- Auf Ruhe achten, Lärm und Erschütterung vermeiden.
- In der Umgebung des Käfigs nichts verändern.
- Ausreichend Scharpie, Heu, Stroh und Packpapierschnitzel zum Nestbau zur Verfügung stellen.
- Dem erhöhten Futterbedarf Rechnung tragen, Eiweiß- und Saftfutterration verdoppeln.
- Letztes Wechseln der Einstreu 2 Tage vor dem Geburtstermin, das Nest jedoch nicht mehr berühren (Geruchsveränderung!).

Geburt

Die Geburt der kleinen Hamster erfolgt meistens komplikationslos während der Nacht. Sollten Sie per Zufall den Geburtseintritt mitbekommen, dann schauen Sie auf keinen Fall zu und versuchen Sie auch nicht mitzuhelfen. Die Hamstermutter reagiert auf jede Art von Störung ausgesprochen sensibel. Sie kann das Nest verlassen und die bereits geworfenen Jungtiere in ihren Backentaschen an eine andere Stelle des Käfigs tragen, sie dort einfach liegen lassen oder sogar auffressen (→ Seite 88).

Die Geburt dauert etwa eine halbe Stunde. Die Wehen kommen fast unbemerkt, und die Jungen werden in kurzen Abständen hintereinander geboren. Die Mutter reißt mit ihren Schneidezähnen die Fruchthülle auf und frißt diese samt Nachgeburt auf. Anschließend durchbeißt sie die Nabelschnur und leckt das Junge trocken. Kurze Zeit später werden die Neugeborenen bereits das erste Mal gesäugt.

Nestkontrolle

In den ersten Tagen nach der Geburt verläßt die Mutter das Nest kaum, da sie die völlig nackt geborenen Jungen wärmen muß.

Beim Kauf sollten Sie immer darauf achten, einen Junghamster zu bekommen.

Diese liegen in den ersten Tagen ständig an ihren Zitzen festgesaugt unter ihr. Wenn es im Käfig ordentlich ausschaut und sich bis auf ein leises Fiepen aus der Richtung des Schlafhäuschens nichts rührt, kann man davon ausgehen, daß es mit dem Nachwuchs keine Probleme gibt.

Hinweis: Schauen Sie dennoch täglich im Nest nach dem Rechten. Zu diesem Zweck wartet man, bis die Hamsterin das Häuschen verläßt, oder man lockt sie mit einem Leckerbissen heraus. Eine Nestkontrolle während sie sich im Innern aufhält, muß man wegen zu starker Beunruhigung unbedingt vermeiden.

Es kann auch sein, daß der Schutzinstinkt der Hamstermutter so ausgeprägt ist, daß sie zum Häuschen zurückkehrt, sobald sich dort etwas rührt. Deshalb sollte man schnell sein und nur für einen kurzen Blick den Deckel aufheben.

Falls die Jungen zugedeckt sind, schiebt man das Nestmaterial mit einem Stöckchen aus dem Käfig beiseite – jedoch nie mit dem für die Hamsterin fremd riechenden Finger!

Sollte sich ein totes Junges im Nest befinden, wird es mit einer Pinzette entfernt. Anschließend wird das Wochenbett wieder abgedeckt.

Kannibalismus

Das Auffressen von Jungtieren durch die eigene Mutter bezeichnet man als Kannibalismus. In freier Natur kommt es dazu, wenn zu viele Tiere derselben Art auf einer zu kleinen Fläche leben müssen. In der Fachsprache bezeichnet man einen solchen Raummangel als »Crowding«.

Auch im Zusammenhang mit der Geburt im Käfig wird dieses Verhalten bei vielen Kleinsäugern beobachtet. Dabei können die Ursachen ganz unterschiedlicher Natur sein:

Störungen im Umfeld: Nervöse Hamstermütter reagieren vor allem auf Unruhe beim Geburtsablauf und auf geruchliche Veränderungen im Nestbereich durch Auffressen der Jungen. Da auch im späteren Verlauf der Säugeperiode fremde Gerüche als irritierend empfunden werden, müssen Säuberungsmaßnahmen während dieser Zeit unterbleiben (→ Nestkontrolle, Seite 88).

Fehlender Hemmschrei: Beim Vertilgen der Nabelschnur

Nur junge Hamster vertragen sich miteinander. Sobald sie erwachsen sind werden sie zu Einzelgängern.

durch die Mutter stoßen gesunde Hamsterbabys einen Schrei aus, sobald die Nabelpforte erreicht ist.
Dieser Hemmschrei bewirkt, daß die Mutter von dem Jungen abläßt.
Bleibt dieses akustische Warnsignal aus, weil das Kleine sehr schwach oder tot ist, frißt die Hamstermutter einfach weiter.

Eiweißmangel: Bei sehr früh gedeckten Weibchen, die ihre eigene körperliche Entwicklung noch nicht abgeschlossen haben, und bei Muttertieren, die unmittelbar nach der Geburt wieder tragend wurden, kommt es zu einer Unterversorgung an Eiweiß. Dieser Mangel wird durch das Fressen der Jungtiere kompensiert.

Störung der Milchsekretion: Auch wenn die Mutter zu wenig Milch hat, was durch Dauerstreß bedingt sein kann, werden die Jungen beseitigt.
Populationsdruck: Ist der Käfig zu dicht besetzt, produzieren Hamster in ihrer Sternaldrüse vorübergehend keine Duftstoffe mehr. Jungtiere werden infolgedessen nicht mehr duftmarkiert, deshalb von der Mutter nicht erkannt, und es kommt ebenfalls zum Kannibalismus.

Aufzucht der Jungen

Hamsterweibchen sind sehr gewissenhafte Mütter, die es mit der Pflege ihrer Jungen ganz genau nehmen.
Als typische Nesthocker sind Junghamster vollständig von der Mutter abhängig. Deshalb bleibt diese in den ersten Tagen nach der Geburt bis auf kurze Unterbrechungen ständig bei ihnen. Neben dem Wärmen und Säugen besteht ihre Hauptaufgabe im Säubern der natürlichen Körperöffnungen, wobei sie auch den anfallenden Harn und Kot aufnimmt. Durch intensives Belecken der Kleinen im Bereich des Bauches regt sie die Verdauung an. Daneben achtet sie auch darauf, daß sich keines der Jungen zu weit vom schützenden Nestbereich entfernt. Sobald sie den entsprechenden Notruf registriert (→ Hören, Seite 96), packt sie den Ausreißer an der Genickfalte und trägt ihn zurück. Dasselbe geschieht, wenn ein Junges sich sehr fest an den Zitzen angesaugt hat und von der Mutter beim Verlassen des Nestes mit herausgeschleift wird.
Im übrigen läuft die Entwicklung der Jungtiere außerhalb des Mutterleibes fast mit derselben Geschwindigkeit ab, wie während der Tragzeit (→ Tabelle, Seite 91).

Ein mit Scharpie ausgepolstertes Toniglu ist für Zwerghamster ein idealer Schlafplatz.

Biogramm der körperlichen Entwicklung

1. Tag	Haut unbehaart und rötlich Augen geschlossen Gliedmaßen schwach und unterentwickelt Bewegungen unkoordiniert Kot- und Harnabsatz nach Bauchmassage durch die Mutter
2. Tag	Beginn der Hautpigmentierung
5. Tag	Beginn der Behaarung Erstaufnahme von festem Futter Einsetzen von Putzbewegungen
10. Tag	Augen geöffnet Füllen und Entleeren der Backentaschen Putzen Kot- und Harnabsatz ohne Mithilfe der Mutter
14. Tag	Verlassen des Nestes Spielen mit Geschwistern
21. Tag	Völlige Selbständigkeit

Absetzen der Jungen

Im Alter von 3 Wochen sind die Jungtiere selbständig. Ausgerechnet jetzt, wenn die Jungen am nettesten sind, und wenn man sich an ihren lustigen Scheinkämpfen nicht sattsehen kann, muß man sie unbedingt abgeben.
Sechs Wochen noch, und die Tiere sind erwachsen und fast nicht mehr vermittelbar.
Rufen Sie also die Interessenten im Bekanntenkreis oder das Zoofachgeschäft an, daß die Kleinen abgeholt werden können.
Sollte sich die Übernahme in dem einen oder anderen Fall verzögern, müssen Sie die Jungen von der Mutter trennen. Die Geschwister selbst können noch einen Monat beieinander bleiben.

Verstehen lernen und beobachten

Hamster werden leider oft als lebendes Spielzeug angesehen. Dabei zeigen gerade Hamster als Heimtiere noch besonders viele ursprüngliche Verhaltensweisen.

Was der Hamster alles kann

Um Ihren Hamster verstehen und entsprechend auf ihn eingehen zu können, müssen Sie etwas über seine Biologie und seine körperlichen Besonderheiten wissen. Außerdem ist es wichtig, seine Körper- und Lautsprache richtig deuten zu können.

Seine Lebensweise in der Natur

Hamster haben ihr natürliches Verhalten nur wenig dem Zusammenleben mit dem Menschen angepaßt (→ Hamster sind Wildtiere geblieben, Seite 12).

Ihre Hauptaktivität entwickeln Hamster während der Dämmerungs- und Nachtstunden – ganz im Gegensatz zu uns tageslichtorientierten Menschen.

Bei einsetzender Dunkelheit begeben sich die Hamster auf Futtersuche und erledigen dabei ein enormes Laufpensum, da die Wüsten- bzw. Steppenvegetation nur sehr kärglich ist. In erster Linie knicken sie samentragende Grashalme, um an die nahrhaften Ähren zu

Stets frisches Nagematerial sorgt für die Abnutzung der Schneidezähne.

TIP

Ein zu kalter Standort mit einer Raumtemperatur unter 15 °C kann auch bei einem Hamster im Käfig eine Art Winterschlaf auslösen. Wenn er also plötzlich in seiner gewohnten Lebhaftigkeit nachläßt, nicht gleich an eine unerklärliche Krankheit, sondern zuerst einmal an einen defekten Heizkörper denken!

gelangen. Bis auf wenige Kleinigkeiten, die sofort verspeist werden, sammeln sie alles Genießbare in ihre Backentaschen und transportieren es zu ihrem Bau. Dort wird alles nach Futterarten sortiert und gespeichert. Dieses sogenannte Hamstern dient der Vorratshaltung für die kühlere Jahreszeit.
Der Bau liegt 1 bis 2 m unter der Erde und wird über eine fast senkrecht nach unten führende Röhre erreicht.
Sinkt die Außentemperatur unter 15 °C beginnt die Aktivität der Tiere deutlich nachzulassen. Mit Einsetzen der ersten Kälte verstopft der Hamster seinen Bau und verfällt in einen Winterschlaf, bis es wieder wärmer wird. Seine Körpertemperatur sinkt dabei auf einen Wert etwas oberhalb der Umgebungstemperatur ab, Atem- und Herzfrequenz werden auf ein Minimum reduziert. Da er nur noch einmal statt 100 mal pro Minute atmet und sein Herz nur noch 4 mal statt 500 mal pro Minute schlägt, wirkt er in diesem Zustand wie tot. Zur Futteraufnahme wird der Ruhezustand einmal wöchentlich kurz unterbrochen.

Die Sinnesleistungen des Hamsters

Sehen: Als Nachttier verfügt der Hamster über kein besonders gutes Sehvermögen. Farb- und Formsehen sind wahrscheinlich nur unzureichend ausgeprägt. Dagegen kann er mit seinen seitlich angesetzten Kugelaugen seinen gesamten Umkreis mit einem Blick erfassen. Allerdings ist er für unsere Begriffe etwas kurzsichtig, denn er kann kaum weiter als auf 1 m Abstand Konturen scharf erkennen. Bewegungen wie das Annähern von Feinden werden jedoch auch aus größerer Entfernung wahrgenommen. Bei Tageslicht ist der Hamster nahezu blind. Das erklärt seine oft zu beobachtende Schreckhaftigkeit, wenn er plötzlich in eine ungewohnte Umgebung kommt. Auch seine

So stellt sich ein Hamster wohl das Schlaraffenland vor.

Sturzgefährdung hängt damit zusammen (→ Freilauf in der Wohnung, Seite 58).
Hören: Das Gehör der Hamster ist sehr hoch entwickelt und kann über den normalen Hörbereich hinausgehend auch Frequenzen aus dem Ultraschallbereich wahrnehmen. Dies ist nicht nur zum Schutz vor Feinden von Bedeutung, sondern dient auch der innerartlichen Verständigung. So weiß man, daß vor allem Jungtiere durch für andere unhörbare Laute die Mutter herbeirufen können, wenn es ihnen nach Verlassen des Nestes zu kalt ist, oder wenn sie Hunger haben und trinken möchten. Es scheint auch so, als ob Hamster Stimmlaute differenzieren können und den Pfleger nach einiger Zeit erkennen, wenn er immer dieselben Worte, beispielsweise zur Begrüßung, verwendet. Um während des Tages ungestört schlafen zu können, faltet der Hamster seine Ohrmuscheln zusammen.
Riechen: Der Hamster orientiert sich hauptsächlich über

Eine Handvoll duftendes Heu im Käfig wird für den Hamster zu einem Erlebnis.

Hamster mögen besonders gern saftige Melonen. Hier handelt es sich um eine reichliche Familienportion.

Beim Putzen wird keine Stelle des Körpers ausgelassen.

Der Hamster im Vordergrund gähnt ausgiebig. Dies drückt immer Wohlbefinden aus.

Völlige Entspannung im Schlaf. Beim Schlafen liebt es der Hamster warm und kuschelig.

den Geruchssinn. Futter wittert er über weite Entfernungen. Durch Duftmarken, die er ständig über seine Talgdrüsen beiderseits an den Flanken sowie durch Kot und Harn setzt, findet er sich auch leicht bei Dunkelheit in seinem Revier zurecht und signalisiert gleichzeitig gegenüber Eindringlingen seinen Anspruch auf das Territorium. Zwerghamster besitzen Duftdrüsen an der Bauchunterseite, die sogenannten Ventraldrüsen.
So wie wir uns optisch das Aussehen eines Menschen merken können, speichert der Hamster Duftbilder und erkennt mit ihrer Hilfe Artgenossen, Feinde und auch den Menschen. Pärchen oder Sippenangehörige erkennen sich am Gruppengeruch, der über aggressives beziehungsweise friedliches Verhalten entscheidet.
Hinweis: Wird der Hamster in eine andere Umgebung gebracht oder von der Hand einer der Gruppe fremden Person berührt, kann sich der Gruppengeruch so nachhaltig verändern, daß es zu Feindseligkeiten und Bißverletzungen kommt. Deshalb auf keinen Fall fremde Tiere einfach zusammensetzen.

Tasten: Ebenfalls dem Zurechtfinden im Gelände bei Nacht dienen Tasthaare (Vibrissen) im Gesicht, seitlich am Körper und an den Extremitäten. Mit ihrer Hilfe nimmt der Hamster Hindernisse wahr, die sich ihm in den Weg stellen. Außerdem kann er besser abschätzen, ob die Öffnung einer Höhle oder ein Versteck groß genug für ihn sind. Die Sensoren zum Einparken, die die Autoindustrie als große Neuheit anpreist, hat er also längst.

Anatomische Besonderheiten

Backentaschen: Besonders auffallend an einem Hamster sind seine Backentaschen, die sich von der Lippenspalte bis zu den Hinterextremitäten ausdehnen lassen. Sie sind mit einer trockenen, derben, von Borsten besetzten Haut ausgekleidet. Diese Haare halten das Futter in den Taschen fest und verhindern so, daß es herausfällt oder in die Mundhöhle rutscht. Zum Entleeren drückt der Hamster den Backeninhalt mit den Vorderpfötchen in Richtung Mundöffnung und massiert ihn heraus. Das Fassungsvermögen der Backentaschen beträgt etwa

20 g. Verdauungsprozesse wie das Einspeicheln der Nahrung finden in den Backentaschen nicht statt.

Zähne: Die Mundhöhle des Hamsters weist 16 Zähne auf. Er hat also nur Schneide- und Backenzähne. Seine 4 Schneidezähne, die auch als Nagezähne bezeichnet werden, haben einen offenen Wurzelkanal und wachsen ständig nach. Bei unzureichender Abnutzung infolge zu wenig Nagematerials, können die Zähne zu lang werden. Dies hat zur Folge, daß der Hamster seinen Mund nicht mehr richtig schließen kann. Eine Korrektur durch den Tierarzt wird dann dringend nötig. Auf den jeweils 4 Backenzähnen des Ober- und Unterkiefers befinden sich jeweils 2 Reihen kleiner Kauhöcker, die dem Zerreiben der Nahrung dienen.

Magen und Darm: Hamster besitzen einen Vormagen zum Aufweichen des Futters und einen Drüsenmagen, wo das Futter mit Hilfe von Enzymen aufgespalten wird.

Wie bei allen Kleinnagern ist die Darmflora des Hamsters sehr empfindlich gegenüber antibiotikahaltigen Medikamenten.

Hinweis: Geben Sie dem Tier also nie auf Verdacht irgendein Antibiotikum, das vielleicht bei Ihnen oder Ihren Kindern eine gute Wirkung gezeigt hat! Der Hamster kann daran sterben!

Vordergliedmaßen: Die besonders kräftigen Vorderextremitäten des Hamsters dienen nicht nur zum Erfassen der Nahrung, sondern auch zum Graben und Klettern.

Die vorderen Pfötchen haben 4 Zehen und einen verkümmerten Daumen, die hinteren 5 vollentwickelte Zehen. Auf ebenem Gelände können sich Hamster ohne Probleme sehr rasch fortbewegen.

Kritisch wird es, wenn sie nach oben steigen und nicht mehr in der Lage sind herunterzuklettern. Sie lassen sich dann einfach fallen, wobei Stürze aus Tischhöhe bereits tödliche Verletzungen wie Wirbelsäulen- oder Beckenbrüche hervorrufen können (→ Fotos, Seite 78).

Hamster besitzen ein sehr zierliches und für Knochenbrüche anfälliges Skelett, das in deutlichem Mißverhältnis zur Körpermasse steht. Sie sind aufgrund ihrer kurzen Beinchen nicht in der Lage, einen Aufprall abzufedern.

TIP

Sollte Ihr Hamster nach einem Sturz eine Gliedmaße beim Laufen nicht belasten oder gar nachziehen, denken Sie an die Möglichkeit eines Knochenbruchs. Suchen Sie mit dem kleinen Patienten umgehend Ihren Tierarzt auf. Nur in den seltensten Fällen handelt es sich um eine harmlose Prellung. Hamster sind hart im Nehmen und laufen manchmal trotz eines gebrochenen Unterschenkels noch im Laufrad.

Den richtigen Umgang mit dem Laufrad müssen Junghamster erst lernen.

Das Sozialverhalten der Hamster

Vom Sozialverhalten her sind Hamster überwiegend Einzelgänger, wobei vor allem Goldhamster sehr unduldsam gegenüber Artgenossen sind. Lediglich zur Paarungszeit dulden die Weibchen ein Männchen in ihrer Nähe. Begattungsbereitschaft oder Ablehnung des Partners signalisieren sie über einen spezifischen Duftstoff aus der Klitorisspitze, mit der sie zu diesem Zweck wiederholt den Boden betupfen. Aufdringliche Männchen, die sich nicht mit der Zurückweisung abfinden wollen, werden weggebissen. Jungtiere duldet die Mutter bis zum Ende der Aufzuchtsphase von etwa 21 Tagen. Anschließend werden auch sie vertrieben.

Körper- und Lautsprache

Hamster leben vorwiegend als Einzelgänger. Ihr Verhalten wird in erster Linie von der Revierverteidigung bestimmt. Deshalb ist ihre Körper- und Lautsprache nicht so ausgeprägt wie bei anderen Kleinsäugern, die in dauernder Partnerschaft oder in einem Rudelverband leben. Sie dürfen also von Ihrem Hamster keine besonderen sozialen Verhaltensweisen oder Begrüßungsrituale erwarten.

Die Körpersprache des Hamsters läßt sich im einzelnen wie folgt deuten:

■ Aufsetzen der Nase auf dem Boden in rascher Folge = Futtersuche, Hunger.

■ Entlangschleichen auf dem Boden unter Ausnutzung jeder Art von Deckung = Unsicherheit infolge unbekannter Umgebung.

■ Unvermitteltes Innehalten, hektisches Putzen = Verlegenheit, Aufgeregtheit (→ Zeichnung, Seite 101).

■ Stelzbeiniges Gehen mit hochgerecktem Hinterteil und aufgestelltem Schwänzchen = Demutshaltung, Unterwerfung gegenüber dem Stärkeren – vor allem zu beobachten beim Zusammentreffen von Junghamstern mit älteren Tieren.

■ Aufrichten auf den Hinterbeinchen, Oberkörper leicht nach vorn gestreckt, Nase nach oben, Ohren aufgerichtet, Laufflächen der Vorderextremitäten zeigen nach un-

Zeichnung oben: Abwehr, aber auch Kampfbereitschaft.

Zeichnungen unten: Sichernde Haltung (links), Abwehrstellung (rechts).

Zeichnung oben: Hektisches Putzen signalisiert Verlegenheit.

Zeichnung unten: Strecken und Gähnen drücken Zufriedenheit aus.

ten = Neugier, Sichern (→ Zeichnung, Seite 100).

■ Aufrichten auf den Hinterextremitäten, Oberkörper etwas schräg nach hinten gelehnt, Entblößen der Schneidezähne, Ohren angelegt, Laufflächen der Vorderpfötchen zeigen abweisend nach oben = Warnung, Aggression (→ Zeichnung, Seite 100).

■ Einnehmen einer kompletten Rückenlage, Aufblasen der Backentaschen, regloses Verharren, Ohren nach hinten angelegt, Laufflächen aller 4 Extremitäten zeigen nach oben = Abwehr, Kampfbereitschaft (→ Zeichnung, Seite 100).

■ Langanhaltendes, gründliches Putzen = Behaglichkeit, Komfortverhalten.

■ Strecken und Gähnen = Ruhe, Ausgeglichenheit, Zufriedenheit (→ Zeichnung, links unten).

■ Luftsprünge = Übermütigkeit – vor allem zu beobachten bei Junghamstern im sogenannten »Flohalter«.

<u>Die Lautsprache</u> der Hamster ist ebenfalls mehr auf Konfrontation als auf »Smalltalk« ausgerichtet:

■ Knurren = Mißlaunigkeit, Aggression.

■ Fauchen = Abwehr, Drohen.

■ Zähnewetzen = Warnung, Aggression, Demonstration des Beißvermögens.

■ Quieken = Begleitlaut bei Beißereien.

■ Kreischen = Schmerz, Schreck, Angst.

Den Hamster richtig eingewöhnen

Bei der Einwöhnung Ihres neuen Hausgenossen sollten Sie sehr behutsam vorgehen. Von Ihrer Einfühlsamkeit hängt es ab, wie schnell sich der Hamster in seiner neuen Umgebung einlebt, und ob er rasch zutraulich und handzahm wird.

Die ersten Stunden im neuen Heim

Da der Hamster bei Tageslicht fast nichts sieht und erst mit einsetzender Dunkelheit richtig in Form kommt, sollte man grundsätzlich den »feierlichen Empfang« im neuen Heim auf den Abend verlegen (→ Wichtig für den Hamsterkauf, Seite 29). Ansonsten braucht er vor allem eines – absolute Ruhe!
Die neue Umgebung ist für den Hamster ein ebenso fremdes Terrain wie für uns eine Neubauwohnung, in der wir die Lichtschalter, den Wasserzähler und die Mülltonne erst finden müssen.
Vor allem die fremden Gerüche bereiten ihm Probleme und müssen durch intensives Beschnuppern verarbeitet werden (→ Riechen, Seite 96).
Der Eingang zum Schlafhäuschen, die Leiter zur nächsten Käfigetage und der Durchmesser des Laufrades müssen mit den Tasthaaren erkundet und im Hinblick auf Größe für die Orientierung in der Dunkelheit gespeichert werden. Auch an die neuen Geräusche der Umgebung und andersgeartete Lichtverhältnisse muß er sich gewöhnen.
Vor allem Kinder sollten trotz aller freudigen Erregung und Neugierde, was der neue Hausgenosse wohl zuerst machen wird, zur Geduld angehalten werden.
Keinesfalls sollte mit einer Taschenlampe in den Käfig geleuchtet oder mit einem Stöckchen durch die Gitterstäbe Orientierungshilfe in Richtung Laufrad oder Futterschüsselchen gegeben werden. Auch die Tränke und den Weg zur zweiten Etage findet der Hamster garantiert von alleine! Also ihn nicht mit Gewalt in eine Richtung drängen oder schubsen!
Wollen Sie dem Hamster eine Freude machen und ihm das Eingewöhnen erleichtern, dann sollten Sie ihm etwas gewohntes Futter, Polstermaterial und Einstreu aus seinem ehemaligen Käfig im Zoofachgeschäft in sein neues Zuhause legen (→ Heimtransport, Seite 31). Je eher es bei ihm vertraut riecht, desto

TIP

In den ersten Tagen im neuen Heim sollte man den Hamster soweit als möglich in Ruhe lassen. Dies fällt natürlich einem Kind besonders schwer. Deshalb ist es sinnvoll, dem Kind das Verhalten und die Lebensweise seines Hamsters zu erklären. Der vorliegende Ratgeber hilft Ihnen dabei, das richtige Verständnis zu wecken.

Hamster sind vor allem Heimtiere zum Beobachten. Zum Schmusen und Kuscheln sind sie nicht geeignet.

schneller verliert er seine Scheu und desto früher stellt sich ein Behaglichkeitsgefühl ein. Ein ruhiger Standort, gedämpftes Licht, eine angenehm warme Umgebungstemperatur und etwas Sichtschutz durch teilweises Abdecken des Käfigs mit einem Tuch tragen ebenfalls zum rascheren Heimischwerden bei.

Die ersten Tage im neuen Heim

Auch die folgenden Tage sollten Sie den Neuankömmling in erster Linie sich selbst überlassen und ihn nicht überfordern.

Vor allem tagsüber muß man bei aller Neugierde und Sorge um sein Wohlbefinden strikte Zurückhaltung üben und darf ihn nicht aus dem Schlaf reißen (→ Schlafhäuschen, Seite 51).

Hinweis: Füllen Sie anfangs täglich nur seine Futternäpfchen und erneuern sie das Trinkwasser. Ansonsten sollten alle Manipulationen am Käfig unterbleiben und der gewählte Käfigstandort beibehalten werden!

Die Anfangsphase der Eingewöhnung ist vorüber, sobald der Hamster seine hektische Betriebsamkeit ablegt, sich wiederholt herzhaft gähnend streckt und sein Fell ausgiebig putzt (→ Körpersprache, Seite 100/101). Damit bringt er zum Ausdruck, daß die Welt für ihn einigermaßen in Ordnung ist. Nun kann man langsam an Kontaktaufnahme per Hand denken (→ Futterzahm, Fingerzahm, Handzahm, Seite 106). Auch der erste Freilauf kann jetzt gewährt werden (→ Freilauf in der Wohnung, Seite 58).

Der Hamster und andere Heimtiere

Mancher mag auf die Idee kommen, den Hamster mit anderen Heimtieren zusammen in der Wohnung laufen zu lassen. Diesen Gedanken muß man sofort wieder verwerfen! Hamster sind solche unverbesserlichen Einzelgänger, daß sie keinen Wert auf Gesellschaft legen. Sie empfinden nicht nur Artgenossen als feindliche Eindringlinge in ihr Revier, sondern auch andere kleine Nager.

Mäuse, Gerbils oder Streifenhörnchen haben ebenfalls einen starken Eigengeruch, der keine Ähnlichkeit mit dem der Hamster besitzt. Binnen kurzer Zeit kommt es zu folgenschweren Beißereien.

Kaninchen und Meerschweinchen sind zwar ausgeprochen friedliebende Tiere, doch selbst hier ist ein gemeinsamer Auslauf problematisch. Da Kaninchen und Meerschweinchen größer sind als der Hamster, kann es leicht zu Verletzungen des Hamsters kommen.

Kleine Ziervögel wie Wellensittiche, Kanarienvögel Prachtfinken können schnell zum Opfer ihrer Unvoreingenommenheit werden, wenn sie bei einem Ausflug auf den Boden vom Hamster angegriffen werden.

Größere Vögel wie die meisten Papageien können ihrerseits dem Hamster schwerwiegende

Kein Hunger mehr! Der Kräcker wird ins Häuschen gebracht und für später aufgehoben.

Wenn Sie das Häuschen Ihres Hamsters farbig streichen möchten, dürfen Sie nur ungiftige Farben verwenden.

Verletzungen mit ihren ihren starken Schnäbeln zufügen.
Bei Hund und Katze lösen Hamster in der Regel den Jagdtrieb aus und werden als Beute betrachtet.
Zwar gibt es immer Ausnahmen, und selbst derart unterschiedliche Tiere gewöhnen sich manchmal aneinander. Jedoch kann ich nur grundsätzlich von Experimenten in dieser Richtung abraten.
Hinweis: Versuchen Sie nicht, den Hamster mit aller Gewalt zu vergesellschaften. Selbst, wenn er sich wider Erwarten mit einem anderen Heimtier verträgt, sollten Sie immer eine plötzliche Sinneswandlung der Tiere einkalkulieren!

Sich mit dem Hamster beschäftigen

Der Hamster gehört nicht zu den Schmuse- oder Streicheltieren, sondern er ist eher etwas für Menschen, die gerne beobachten. Dennoch gelingt es, ihn handzahm zu machen, und Sie können sich auch mit ihm beschäftigen.

Futterzahm – Fingerzahm – Handzahm

Futterzahm: Seine erste Information über Sie erhält der Hamster durch Beschnuppern Ihrer Hand. Deshalb sollten Sie, um möglichst vertrauenerweckend zu wirken, beim ersten Rendezvous »sympathisch« duften.
Dies erreicht man beim Hamster aber nicht durch ein Parfüm, sondern indem man etwas von seiner feuchten Einstreu zwischen den Händen zerreibt, bevor man ihm einen Finger zur Begutachtung vor die Nase hält. Wenn Sie Glück haben, wird er das Angebot annehmen und gleich auf die Hand klettern – dann ist der Hamster vielleicht schon handzahm. In der Regel sind aber Junghamster eher

Mit etwas Phantasie können Sie Ihrem Hamster einen »Apfelbaum« basteln.

scheu, und man muß einen anderen Weg zur Kontaktaufnahme beschreiten.

Am besten beginnt man mit dem Verabreichen von Leckerbissen zwischen Daumen und Zeigefinger durch die Gitterstäbe des Käfigs. Sehr gut eignen sich Birnen- oder Apfelschnitze oder die delikaten Mehlwürmer. Hat sich der Hamster erst einmal herangetraut und die ersten Futterstücke genommen, hält man die nächsten Teilchen etwas länger fest, damit er länger an der Hand bleiben muß. Später wiederholt man den Vorgang bei geöffnetem Käfigdeckel. Sobald dieses Füttern von Hand klappt, verdient nun der Hamster das Prädikat »Futterzahm«.

Fingerzahm: Der nächste Schritt besteht darin, daß man versucht, den Hamster beim Füttern behutsam mit dem Finger der anderen Hand am Kopf zu kraulen. Sobald er das als angenehm empfindet, und es auch ohne Leckerbissen toleriert, ist er fingerzahm.

Handzahm: Wenn der Hamster mit der gebotenen Vorsicht auf Ihre dargebotene Hand steigt und schnuppernd im Ärmel der Jacke verschwindet, ist das Tier handzahm. Dabei ist es wichtig, daß man keinerlei Zwang ausübt, und daß der Hamster selbst entscheiden darf, wie weit er gehen möchte. Nach einiger Zeit wird er die warme Haut seiner Pflegeperson als angenehm empfinden und von sich aus den Handkontakt suchen.

Hinweis: Den Hamster zu Beginn treppenartig von einer Hand auf die andere klettern lassen. Dadurch hält man ihn in Bewegung, und er kann

Junghamster sind sehr experimentierfreudig und brauchen ein Laufrad, das nicht umkippt.

nicht gleich wieder auf den Käfigboden zurück.
Animieren Sie den Hamster immer nur knapp über dem Käfigboden, einer Tischplatte oder über einer anderen Unterlage zum Herumturnen auf Ihrer Hand. Er läßt sich oft unvermutet herunterfallen und kann sich bei Stürzen aus größerer Höhe schwer verletzen (→ Seite 73).

Hochheben, Tragen, Einfangen

Hochheben: Will man einen Hamster hochheben, der nicht bereit ist, freiwillig auf die Hand zu kommen, darf man nie mit Gewalt vorgehen. Vor allem darf man ihn nicht unvermittelt von oben nehmen, sonst hat er das Gefühl, als würde er plötzlich von einem Greifvogel gepackt (sogenannter »Beutegreifereffekt«). Als Reaktion darauf wirft er sich blitzschnell auf den Rücken und versucht zuzubeißen. Richtig ist es zu warten, bis der Hamster nicht mehr wegläuft, mit dem Knurren aufgehört hat und keine Abwehrstellung mehr einnimmt. Dann bildet man mit beiden Händen eine kleine Höhle über dem Tier und nimmt es hoch.

Hinweis: Zu festes Umfassen des Brustkorbes kann einen Schockzustand durch Lungenkompression hervorrufen.

Tragen: Auch beim Tragen sollte man immer den Trick mit der Höhle anwenden, da sich die Hamster darin einigermaßen sicher fühlen und nicht auf die Idee kommen, herunterzuspringen wie beim Sitzen auf der geöffneten Hand.

Einfangen: Schwierigkeiten kann manchmal das Einfangen eines Ausreißers auf dem Fußboden bereiten. Hier leisten eine Papprolle oder ein Plastikbecher gute Dienste.

Knabberteilchen aus verschieden gefärbtem Maisgetreidebrei sind Bestandteil der meisten Fertigfuttermischungen.

Was kann ein Hamster alles lernen?

Hamster sind nicht dumm. Das wirst du schnell feststellen. Schon nach kurzer Zeit erkennt dich dein Hamster an deiner Stimme und an deinem Geruch. Hamster lernen es auch, verschiedene Menschen zu unterscheiden. Das weiß Simone ganz genau. Ihr Hamster Nicki verschwindet sofort in seinem Häuschen, wenn ihre Freundin Claudia kommt. Claudia hatte Nicki einmal unbeabsichtigt getreten, als er im Zimmer laufen durfte. Seit dieser Zeit will Nicki nichts mehr mit Claudia zu tun haben. Johannes hat ebenfalls einen klugen Hamster. Als er seinem Hamster eine kleine Wippe aus Holz auf den Boden stellte, fand der kleine Kerl ganz schnell heraus, wie die Wippe funktioniert. Außerdem weiß der Hamster genau, an welchen Stellen im Zimmer er von Johannes schon einmal Leckerbissen bekam. Wenn der Hamster Auslauf im Zimmer hat, läuft er dorthin und wartet, bis Johannes ihm eine Rosine bringt. Beobachte auch einmal, wie erfindungsreich dein Hamster ist, wenn er zum Beispiel ein großes Stück Möhre in sein Häuschen bringen möchte. Er faßt den schweren Brocken an einem Ende mit den Zähnchen und schleift ihn rückwärts laufend in sein Häuschen hinein. Oder macht es dein Hamster etwa ganz anders?

Als Höhlenbewohner suchen alle Hamster gerne in einem derartigen Behälter Zuflucht und können darin ohne Probleme in den Käfig zurückgebracht werden.

Abwechslung im Käfig

Das Leben im Käfig ist für den Hamster oft sehr eintönig und naturwidrig (→ Haltungsprobleme richtig lösen, ab Seite 112). Daraus ergibt sich die Verpflichtung, das kleine Umfeld des Hamsters einigermaßen verhaltensgerecht zu gestalten. Dies können Sie vor allem durch Einrichtungsgegenstände erreichen, die den Verhältnissen in freier Natur nachempfunden sind.
Bieten Sie Ihrem Hamster einen Käfig mit mehreren Etagen, Kletterästen und Leitern. Weiterhin braucht er Versteckmöglichkeiten in Form von Rindenstücken, Schächtelchen, Pappröhren und unterlegten Steinplatten sowie ein Laufrad und ein Schlaf- und Vorratshäuschen (→ Sinnvolles Zubehör, Seite 49). Dabei sollte das Käfiginventar immer wieder verändert werden, jedoch nur teilweise – alles auf einmal wäre wegen der Vielfalt der neuen Gerüche zu stressig!

Artgerechte Beschäftigung

Stellen Sie Ihrem Hamster Aufgaben, die seiner natürlichen Betätigung entsprechen, und die seinem Erkundungstrieb entgegenkommen.
Da hierbei das Zurücklegen bestimmter Wegstrecken eines der Hauptkriterien ist, sollte man das Beschäftigen immer mit dem Freilauf koppeln und den Käfig als Rückzugsmöglichkeit auf den Boden stellen (→ Seite 58).
Zur artgerechten Beschäftigung gehören das Auslegen von unterschiedlichem Nistmaterial an mehreren Stellen des Raumes (→ Seite 87), das Aufstellen von Futterschüsselchen oder das Füttern von Hand an verschiedenen Plätzen. Bieten Sie dem Hamster belaubte Äste und Wurzelstrünke als Nagematerial an sowie Sand und Rasenstücke in flachen Schalen zum Buddeln. Bauen Sie gefahrlose Hindernisse in Form von Wegsperren auf, die der Hamster überwinden muß. Auch eine Schaukel, Wippe oder ein Labyrinth aus Röhren oder kleinen Schachteln bieten Abwechslung. Ganz nebenbei können Sie so den Kontakt zu Ihrem kleinen Freund intensivieren.

Interessante Beobachtungen

Das Reizvolle an den verschiedenen Hamstern ist, daß

TIP

Wenn sich ein Hamster trotz aller Vorsichtsmaßnahmen einmal in Ihren Finger verbeißt, versuchen Sie nie, ihn im ersten Schreck wegzuschleudern! Er kann dabei lebensbedrohliche Verletzungen davontragen! Statt dessen cool bleiben, und das Tier ganz schnell auf den Käfigboden oder auf eine andere Unterlage setzen – es läßt dann in der Regel sofort los.

Solch eine kleine Holzwippe aus dem Zoofachhandel wird gern zum Balancieren genutzt.

Auch Häuschen mit einer Schräge zum Hinaufklettern animieren zur Bewegung.

sie sich nach der Eingewöhnungsphase vollkommen ungeniert verhalten und einem stillen Beobachter umfassenden Einblick in ihre Intimsphäre gewähren. Man sollte sich also die Zeit nehmen und seinem Hamster ganz bewußt immer wieder zuschauen, egal ob er sich im Käfig aufhält oder gerade während des Freilaufs das Zimmer erkundet. Dabei können Sie erstaunliche Beobachtungen machen.

Sein Verhaltensrepertoire, das Einhamstern und die Vorratshaltung, das Sammeln und Transportieren von Nestmaterial sowie der Nestbau, seine intensive Körperpflege und vor allem das Paarungsverhalten und die Jungenaufzucht bieten eine Fülle von interessanten Überraschungen.

Das Frappierendste dabei ist jedoch, daß sich dies alles auf kleinstem Raum in den eigenen vier Wänden abspielt.

Haltungsprobleme richtig lösen

Die meisten Probleme, die im Zusammenleben von Menschen und Hamstern auftreten, sind nicht auf das Tier zurückzuführen, sondern gehen zu Lasten des Menschen. Sie beruhen überwiegend darauf, daß sich der Halter eines Hamsters unzureichend über dessen natürliche Bedürfnisse und Lebensgewohnheiten orientiert hat. Als Folge davon entwickeln die Tiere Verhaltensweisen, die nicht normal sind. Vor allem eine nicht artgerechte Umfeldgestaltung führt bei vielen Hamstern zu sogenannten Entlastungshandlungen, die auch als Gefangenschaftsstörungen oder Käfigneurosen bezeichnet werden:

Stereotypien - Manegebewegungen

Situation: Der Hamster rennt ohne Unterbrechung hektisch an der Frontseite des Käfigs hin und her, klettert wie von einem Motor angetrieben im Kreis oder hüpft pausenlos in einer Ecke des Käfigs hoch. Fixpunkte, Radius bzw. Distanz der Bewegungsabläufe sind stets gleich und werden der Käfiggröße angepaßt.

Ursache: Bei diesen Verhaltensweisen handelt es sich um sogenannte Stereotypien. Damit werden zwanghafte, zumeist rhythmische Bewegungsabläufe bezeichnet, die nicht zielgerichtet sind und folglich keinen Sinn ergeben. Wegen ihrer Ähnlichkeit mit den monotonen Bewegungsabläufen dressierter Tiere im Zirkusrund entstand der Ausdruck Manegebewegungen. Mangelhaftes Raumangebot infolge zu geringer Käfigabmessungen, Nichtbeachten der erforderlichen Dreidimensionalität des Raumes und fehlender Auslauf veranlassen die Tiere, ihr natürliches Bewegungsbedürfnis auf diese Weise zu kompensieren.

Abhilfe: Sorgen Sie unbedingt für einen größeren Käfig und täglichen Freilauf. Beachten Sie die die Empfehlungen zur Anschaffung des Käfigs ab Seite 44 und sorgen Sie für ein korrektes Laufrad (→ Seite 107 und 115).

Hinweis: Wird ein derartig gestörter Hamster in einen größeren Käfig umgesetzt, behält er zunächst die gewohnten Bewegungsabläufe bei. Erst nach einiger Zeit wird er sich den neuen Platzverhältnissen anpassen und sein zwanghaftes Verhalten ablegen.

Gitterbeißen

Situation: Der Hamster nagt – vor allem nachts – an der Käfigvergitterung.

Ursache: Auch dieses Verhalten stellt in gewisser Weise eine Stereotypie dar.

Da Gitterbeißen überwiegend nachts praktiziert und nicht in jedem Fall beobachtet wird, erkennt man es oft nur an der beschädigten Sinterung der Käfigstäbe. Diese werden so intensiv und ausdauernd benagt, bis die Farbe abgeht.

Käfiglangeweile und fehlendes Reizangebot durch ungeeignetes Käfiginventar sind hier die

Hamstergerechte Beschäftigungsmöglichkeiten beugen Stereotypien vor.

Ursache. Auch zu wenig Nagematerial, Mangel an Polstermaterial für den Nestbau sowie das Fehlen einer Wassertränke und eines Salzlecksteins können Ursachen für das Gitternagen sein.
Abhilfe: Sorgen Sie für eine abwechslungsreiche Käfigeinrichtung (→ Seite 109) und prüfen Sie, ob die übrigen Haltungsbedingungen stimmen.

Übersteigerte Aggressivität

Situation: Der Hamster antwortet auf jede Form der Kontaktaufnahme mit extremer Abwehr und beißt sofort zu (→ Körper- und Lautsprache, Seite 100).
Ursache: Hamster mit dieser Verhaltensstörung werden oft spaßeshalber als »Kampfhamster« bezeichnet. Die Ursache für das aggressive Verhalten liegt vor allem im Nichtbeachten der für den Hamster lebenswichtigen Ruhephasen. Nicht nur zu häufiges Kontrollieren des Nestes und Herausholen aus dem Tiefschlaf schaden ihm, sondern auch ein zu heller Standort sowie ständige Hintergrundgeräusche und Bodenerschütterungen. Auch ein zu kleines Schlafhäuschen und fehlendes Nestbaumaterial kommen als Auslöser in Betracht.
Abhilfe: Sorgen Sie für einen ungestörten Schlaf Ihres Hamsters und bieten Sie ihm die dafür nötigen Voraussetzungen (→ Der ideale Käfigstandort, Seite 44, Schlafhäuschen, Seite 51 und Nestbaumaterial, Seite 55).
Hinweis: Beheben lassen sich alle diese Verhaltensstörungen am ehesten noch zu Beginn ihres Auftretens.

Sind sie erst einmal zu Ersatzhandlungen für natürliche Verhaltensweisen geworden, hilft oft das nachträgliche Abstellen der auslösenden Ursachen nicht mehr. Im Klartext heißt dies, ein Gitterbeißer bleibt ein Gitterbeißer, auch wenn er plötzlich Nagematerial erhält. Trotzdem darf man die Flinte nicht gleich ins Korn werfen, sondern muß alles versuchen, um den Bedürfnissen des Hamsters gerecht zu werden. Überprüfen Sie die bisherigen Haltungsbedingungen und verbessern Sie diese entsprechend (→ Was der Hamster alles braucht, Seite 44).

Der Hamster wird nicht zutraulich

Situation: Obwohl der Hamster schon seit mehreren Wochen im Haushalt lebt, wird er nicht zutraulich. Er flüchtet ängstlich in sein Häuschen, wenn sich jemand dem Käfig nähert. Beim Freilauf in der Wohnung verkriecht er sich sofort unter dem Schrank und kommt den ganzen Abend nicht mehr hervor.

Ursachen: Wie beim übertrieben aggressiven Verhalten kann auch bei großer Ängstlichkeit das Nichtbeachten der Ruhephasen als Ursache in Frage kommen. Die Tiere fühlen sich nirgends sicher und suchen überall Schutz. Auch Ungeschicklichkeiten bei der Handhabung oder ein Schockerlebnis können sich nachteilig auswirken.

Abhilfe: Der verängstigte Hamster muß langsam lernen, daß ihm von seiten des Menschen keinerlei Gefahr droht. Nähern Sie sich seinem Käfig stets behutsam. Sprechen Sie ihn an. Geben Sie ihm Leckerbissen von Hand. Sorgen Sie für einen artgerecht ausgestatteten Käfig (→ ab Seite 44).

Rundkäfige sind für die Unterbringung von Hamstern nicht empfehlenswert.

Hochheben

Situation: Der Hamster wurde nach dem Freilauf an der Genickfalte hochgehoben. Plötzlich drehte er den Kopf und biß kräftig in den Finger des Pflegers. Vor Schreck und Schmerz ließ dieser den Hamster fallen. Der Hamster zog sich dabei einen Bruch der Wirbelsäule zu und mußte eingeschläfert werden.
Ursache: Es ist durchaus möglich, den Hamster zwischen Daumen und Zeigefinger an der Genickfalte zu fassen und hochzuheben. Er fällt dann wie beim Transport durch die Mutter in die sogenannte Tragstarre (→ Fotos, Seite 84/85). Dazu muß man den Hamster ganz kanpp hinter dem Kopf ergreifen, da er sich sonst in seiner lockeren Haut um 360° drehen und noch immer zubeißen kann. Dem ungeübten Laien ist dieses Vorgehen daher nur bedingt zu empfehlen.
Abhilfe: Wenn Sie den Hamster hochheben möchten, sollten Sie mit beiden Händen eine Art Höhle über dem Tier bilden und warten bis es sich beruhigt hat. Dann schließen Sie die Hände und können den Hamster aufnehmen. Die Höhle gibt ihm das Gefühl der Sicherheit.

Zum Thema Laufrad

Situation: Wenn der Hamster in seinem Rad läuft, sind die dabei entstehenden Quietschgeräusche kaum zu ertragen. Das kann soweit gehen, daß er nachts samt Käfig in einen abgelegenen Raum verbannt wird, weil die Kinder nicht schlafen können. Außerdem kommt es vor, daß er sich im Laufrad ein Pfötchen manchmal so stark einklemmt, daß er einige Tage lahmt.
Ursache: Das Laufrad entspricht nicht den gestellten Anforderungen. Es muß sich ohne Nebengeräusche bewegen lassen und muß so konstruiert sein, daß keine Verletzungsgefahr besteht.
Abhilfe: Wählen Sie aus der Vielzahl der angebotenen Laufräder eines aus vernickeltem oder galvanisch verzinktem Material. Gesinterte Rädchen sind nicht empfehlenswert, weil der Farbüberzug den Hamsterzähnen nicht widersteht. Laufräder aus Kunststoff sind zwar billig, werden aber häufig angenagt und sind dann nicht mehr funktionstüchtig. Auch können abgeschluckte Plastikstücke, wie z. B. Teile von Radspeichern, im Vormagen des Hamsters liegenbleiben und chronische Verdauungsstörungen auslösen. Um Verletzungen vorzubeugen, muß das Laufrad auf einer Seite freien Zugang bieten und achsseitig geschlossen sein (→ Zeichnung, Seite 49 und Foto, Seite 53).

Nicht viel größer als ein Petersilienblatt ist der Roborowski-Zwerghamster.

Auch die Größe des Laufrades ist zu berücksichtigen. Vor allem für Goldhamster ist ihr Durchmesser oft zu gering. Dies zwingt die Tiere in einer für sie unphysiologischen Körperhaltung mit durchgebogenem Rücken (=Lordose) zu laufen und kann auf Dauer zu Schäden an der Wirbelsäule führen.

Überprüfen Sie, ob das Laufrad einen festen Stand hat. Probieren Sie, ob es ruhig und ohne zu eiern läuft. An der Vergitterung zu befestigende Laufräder bringen oft den ganzen Käfig zum Vibrieren und rufen unangenehme Schwirrgeräusche hervor.

Hinweis: Das Laufen im Laufrad stellt eigentlich eine Stereotypie dar. Ähnlich dem pausenlosen Hin- und Herlaufen an einer Käfigseite und dem stundenlangen Gitternagen gehört es in die Reihe der käfigbedingten Verhaltensstörungen. Das Anbieten eines Laufrades ist also ein durchaus zweischneidiges Schwert. Zum einen schafft es die Möglichkeit zu ausreichender Bewegung, zum anderen provoziert es eine Verhaltensstörung, die zu einer regelrechten Sucht führen kann. Solche Tiere gewöhnen sich derart an diese Art des Dauerlaufens, daß sie regelrechte Entzugserscheinungen bekommen, wenn das Rad plötzlich entfernt wird. Der Hamster vermißt das Laufrad selbst dann, wenn man ihm an seiner Stelle einen größeren Käfig oder zusätzliche Klettermöglichkeiten anbietet. Überlegen Sie sich deshalb gut, ob Sie dem Hamster ein Laufrad anbieten. Ideal ist es natürlich, wenn der Hamster abends oder nachts Freilauf in der Wohnung erhalten kann (→ Seite 58). Dann braucht er kein Laufrad. Ist er aber gezwungen, überwiegend im Käfig zu bleiben, kommt man wohl um ein Laufrad nicht herum.

Gefährliches Spielzeug

Situation: Unter der Bezeichnung »Hamsterball« und »Hamsterauto« (→ Foto, Seite 117) wird Spielzeug angeboten, das gleichzeitig Kindern und Hamstern die Langeweile vertreiben soll. Es handelt sich dabei um Behältnisse, in die der Hamster eingeschlossen wird, und die er durch sein Laufen fortbewegt.

Je mehr sich der Hamster bemüht, dem engen Raum zu entkommen, desto schneller wird das Gefährt und desto schneller verbraucht sich die Luft, die nur durch kleine seitliche Öffnungen einströmt. Nicht daran zu denken, wenn Kinder auch noch durch Schieben nachhelfen und der Hamster samt Kugel oder Fahrzeug vom Tisch stürzt. Jeder Tierarzt kann ein Lied von so entstandenen lebensbedrohlichen Verletzungen des Tieres singen!

Abhilfe: Unter Spielen versteht man eine Beschäftigung zur Unterhaltung und zum Zeitvertreib. Diese auf den Menschen bezogene Vorstellung von spielerischer Tätigkeit läßt sich in dieser Form auf Tiere nicht übertragen. Dementsprechend begeistern sich Hamster auch nicht an Spielsachen, die nach Aussehen und Beschaffenheit denen der Kinder nachempfunden sind.

Empfehlenswerte Beschäftigungsmöglichkeiten sind dagegen Röhren aus Trockengras mit Öffnungen zum Hinein- oder Hinauskriechen (→ Foto, Seite 113) oder Spielgeräte aus Holz wie beispielsweise ein mehrfach durchbohrter Würfel (→ Seite 78) oder eine Wippe (→ Seite 110).

Jedoch entspringt alles, was bei einem Hamster nach Spielen aussieht, seinem Erkundungsverhalten. Sobald er eine Klettervorrichtung ausprobiert hat, ist sie für ihn nicht mehr interessant. Er möchte Abwechslung haben. Auch in der Natur verändert sich ein Hamsterbiotop sehr schnell. Dazu genügen ein paar kräftige Windstöße oder ein plötzlicher Regenguß.
Deshalb sollte man gegen die Käfiglangeweile immer wieder andere Gegenstände zum Beschnuppern, Durchkriechen, Verstecken, Beklettern und Untersuchen anbieten (→ Seite 109/110).

Achten Sie aber bei den ausgewählten Gegenständen immer auf eventuelle Verletzungsgefahren bzw. auf giftige Komponenten in Form von Klebstoffen oder Farben.
Hinweis: Spielerisches Einsperren des Hamsters in die Puppenstube oder Fahren mit der elektrischen Kindereisenbahn lösen denselben Streß aus wie der »Hamsterball« oder das »Hamsterauto«.

Altern

Situation: Der Hamster bleibt vor allem in den Abendstunden auffallend viel in seinem Schlafhäuschen, ist nicht mehr im Laufrad zu sehen, hamstert nur noch wenig Futter ein, bewegt sich unsicher, magert ab und hat ein struppiges, unansehnliches Fell bekommen.
Ursache: Der Alterungsprozeß hat beim Hamster eingesetzt. Eines Tages wird man ihn leblos in seinem Nest oder in einer Ecke des Käfigs finden.
Abhilfe: Besonders bei Kindern kann der Verlust des geliebten Tieres zu einer seelischen Belastung führen.
Trotz aller Trauer sollte man das Kind jeodch nicht mit herzzerreißenden Geschichten vom Tierhimmel trösten, sondern eher auf die Realität der Kurzlebigkeit bei den kleinen Heimnagern eingehen und ihm den Tod aus biologischer Sicht erklären.
Die flinken, äußerst intensiv lebenden Hamster benötigen eben nur 2 Jahre, um die Aufgaben zu erfüllen, für die wir Menschen 70 oder 80 Jahre benötigen.

Die Fahrt im sogenannten Hamsterauto kann für das Tier tödlich enden.

Mein Hamster

Hier ist Platz für das Lieblingsfoto.

Name

Geboren am

Züchter/Zoofachhandlung

Geschlecht

Rasse/Farbe

Gewicht am

Besondere Kennzeichen

Lieblingsfutter

Typisch für meinen Hamster

Tierarzt, Name, Adresse

ALLGEMEIN WICHTIGES

Die **halbfett** gesetzten Seitenzahlen verweisen auf Farbfotos und Zeichnungen.

Absetzalter 11, 91
Abwehrhaltung **100**
Aggressivität 101, 113
Albino-Hamster **36**
Algen 71
Alter 14, 117
– beim Kauf 31
Altersschwäche 117
Alterstod 117
Analregion 28
Anfassen 108, 115
Angorahamster 35, **38, 40, 41**
Aquarium 49
Atmung 28
Aufregung 100
Aufzucht 83
–, der Jungen 90
Augen 28, 91
Auslauf im Freien 59
Ausstattung 44 – 56

Baden 70
Backentaschen 28, 61, 97
Ballaststoffe 67
Bau 5
Becherprimel 58
Beckenbruch **78**
Beißen 110
Beleuchtung 44
Beobachten 13, 110
Beschäftigung **33, 72,** 106 – 111
Beunruhigungen 88
Biorhythmus 27
Bindehautentzündung 74
Bißwunden 74
Bodenwanne 47
Buddelkiste 52
Bürsten 70

Campbell-Zwerghamster **55**
Chinesischer Streifenhamster 9, 37, **41**
Christusdorn 58
Cricetidae 34
Cricetinarium 51
Cricetini 34
Cricetulus 34
Cricetulus griseus 9, 37, **41**

Dämmerungsaktiv 14
Darm 98
-entzündung 74
-vorfall **79**
Demutshaltung 100
Deckstarre **83**, 85
Desinfektion 71
Dshungarischer Zwerghamster 9, **40**
Duft
-drüsen 97
-marken 84, 97
-sprache 97
-stoffe 99

Eigenschaften 8
Einfangen 108
Eingewöhnen 102 – 105
Einklemmen 57
Einstreu 54
– erneuern 70
Einzelgänger 99
Einzelhaltung 18
Eiweißfutter 65
Eiweißmangel 89
Entdeckungsgeschichte 10
Erkältung 70
Erkundungsverhalten 116
Ernährung 60 – 69
– in der Natur 60
Ertrinken 57
Extremitäten 28, 98

Fauchen 101
Fell 28
-färbung 8
-pflege **16, 17, 70,** 70, **97, 101**
Fiebermessen 81
Fingerzahm 107
Fremdeln 21
Freilauf
– auf dem Balkon 59
– in der Wohnung 58
Frischfutter 61
Fruchtjoghurt 65
Futter **20**, 60 – 69
–, eintragen 61
–, Eiweiß- 65
–, Frisch- 60

–, Grün- 63
–, Lebend- 66
-menge 64
-näpfe **48**, 53
-pflanzen **60**, **61**
–, Rauh- 67
–, Saft- 63
-suche 100
–, Trocken- 62
-zahm **65**, 106
-zusammensetzung 62
Füttern **66**
Fruchtbarkeit 14
Früchte **62**, **63**, 64

G

Gähnen **97**, 101, **101**
Gebiß 98
Geburt 11, 87
Gefahrenquellen 57
Gehörsinn 96
Gemischtköstler 60
Gerbil 104
Geruchssinn 96
Geschlechts-
bestimmung 21, **27**
Geschlechtsregion 28
Geschlechtsreife 11
Gesundheitskontrolle 28
Gesundheitsvorsorge 72
Giftige Pflanzen 58
Gitterbeißen 116
Gitterstäbe 46
Gliedmaßen 28, 91, 98
Goldhamster
–, Cremefarbener 35, **36**, **38**
–, Einfarbiger 35
-Langhaar- 35
–, Rex- 35
–, Schecken- 35, **36**, **39**
–, Syrischer 9, 34
–, Teddy- 35, **38**
–, Wildfarbener 35, **37**
Größe 11
Grünfutter 63
Grundspeiseplan 64
Gruppengeruch 96

H

Haltung 42 – 91
–, artgemäße 15
–, Einzel- 18
–, Paar- 19
–, verhaltensgerechte 15
Haltungsfehler 72
Haltungsprobleme 112 – 117
Hamster
– anfassen 108, 115
– beobachten 13, 110
– eingewöhnen 102 – 105
–, entwischter 59, 108
–, gesunder 28, 29
– hochnehmen 108, 115
–, kranker 28
-rassen 34 – 41
– tragen 108
– und andere
Heimtiere 104
– und Urlaub 21, 23
Hamster-Labyrinth 48
Hamstern 61
Hamster-Rassen 34
Hamsterwatte 13, 56
Handzahm 107
Harn 91
Haut 28, 91
-pilze 78
Heimat 8
Heimtiere, andere 104
Heimtransport 31
Hemmschrei 88
–, Fehlender 88
Heu 67
Hirnhautentzündung 76

Manchmal überschätzen Hamster ihre Kletterkünste und ziehen sich schwere Sturzverletzungen zu.

Hochheben 108, 115
Hören 96
Hormonstörungen 74
Hund 105
Hunger 100

Infektionskrankheiten 74

Jungtiere
–, Auffressen der 88
–, Aufzucht der 90
–, Entwicklung der 90
–, tote 88

Käfig 14, 44, **47**
-bauweise 46
-fläche 50
-form 48
-größe 48
–, Holz- 46
-langeweile 115, 116, 117
– reinigen 70
–, Rund- 48, **114**
-standort 14, 44
–, Wurf- 84
-zugänge 47
Kakteen 58
Kämmen 70
Kaninchen 104
Kannibalismus 88
Katze 105
Kauf 26 – 33
Kaufvertragsrecht 24
Keratokonjunktivitis 80
Kindchenschema 12
Kinder und Hamster 12, 16, **18**, 21, **43**, 102, **103**
Kleintierstreu 54
Klettern **15**, **22**, **45**, **73**
Knurren 101
Korallenbäumchen 58
Körpergewicht 11
Körpersprache 100
Körpertemperatur 95
Kot 91
Krallen
– schneiden 70
–, zu lange 70
Krankheiten 72 – 81
Krankheitsanzeichen 74, 75
Kreischen 101
Kroton 58

Langhaarhamster 35, **38**, **39**, **40**, **41**
Laufrad **10**, **48**, **49**, **53**, 56, 113
Lautsprache 100
Lebendfutter 66
Lebenserwartung 11, 14
Lebensraum 8, 18
Lebensweise 10, 94
Leckerbissen 67
Luftfeuchtigkeit 44
Luftsprünge 101
Lungenentzündung 74
Lymphozytäre Choriomeningitis (LCM) 76

Mit Hilfe eines Ziegelsteins kann man im Hamsterkäfig eine zweite Ebene schaffen.

Magen 98
Manegebewegungen 116
Männchen 21, **56**
Mäuse 104
Medikamente eingeben 81
Meerschweinchen 104
Mehlwürmer 66, **67**
Mesocricetus 34
Mesocricetus auratus 9, 34
Mietrecht 24
Milbenbefall 79
Milchsekretion,
Störung der 90
Mistel 58
Mittelhamster 34
Mundöffnung 28
Muroidea 34
Myomorpha 34

Nachtaktiv 14
Nagematerial 68
Nahrung 20, 60 - 69
-, Natürliche 60
Nahrungsmenge 64
Nagen 46
Nase 28
Naßschwanz-
krankheit 79, **79**
Nest **50**
-baumaterial **30**, 55
-hocker 90
-kontrolle 87
Neugierde 101
Nippeltränke **46**, 54

Obst 63
Ohren 96

Paarhaltung 19
Paarung **83**
Paarungsverhalten 84
Parasiten 74
Pflanzen, giftige 58
Pflege 70
–, Fell- 70, **70**, **101**
– des Käfigs 70
– des kranken Hamsters 81
– des Zubehörs 70
Phodopus roborovskii 9, 34, **40**,
41, **115**
Phodopus sungorus 38, **40**
Pilzinfektion 74, 78
Populationsdruck 90
Proliferative leitis 79, **79**

Quetschungen 57
Quieken 101

Rauhfutter 67
Riechen 96
Rindenmulch 54
Roborowski-Zwerg-
hamster 9, 34, **40**, 41, **115**
Rodentia 34
Rückenlage 101
Russenhamster 35

Sägemehl 54
Salmonellose 77
Salzleckstein **46**, 68
Satinhamster 35, **38**
Säugeperiode 11
Scharpie 56, **90**
Schlafen 51, 97
Schlafhäuschen **19**, **48**,
51, **105**
– reinigen 70
Schutzinstinkt 88
Sehen 95
Sehsinn 95
Sichern **31**, **59**, **100**
Sinnesleistungen 95
Skelett 98
Sozialverhalten 99
Speichelkrankheit 79
Spielzeug 56
–, Gefährliches 116, **117**
Stereotypien 112
Stoffwechsel 14, 44
Strecken 101
Streifenhamster 9, **41**
Streifenhörnchen 104
Streß 72
Stroh 67
Strohpreßlinge 54
Stromschlag 57
Systematik, Zoologische 34

Tasten 97
Tasthaare 97
Tastsinn 97
Temperatur 44

Terrarium 49
Tierhaarallergie 14
Tierhalterhaftung 25
Tierkörperbeseitigung 25
Tierschutzgesetz 15
Torfmullgemisch 55
Trächtigkeitsdauer 11, 83, 86
Tragen 108
Tragezeit 11, 83, 86
Transportbox **26**, 32
Trichophytie 78
Trinkwasser 68
Trockenfrüchte 64
Tumore **79**, 80

Unsicherheit 100
Unterschiede, geschlechtsspezifische 21
Unterwerfung 100
Urin 91
Urinecken 70
Urlaubsversorgung 21, 23

Ventraldrüsen 97
Verbreitungsgebiet 9
Verbrennungen 57
Vergiftungserscheinungen 57
Verhalten 28, 94 – 101
Verlegenheit 100
Versteck **9**
Versuchstierhaltung 10
Vögel 104
Vorratshaltung 61

Wasserbedarf 54
Wassertränke 54
Weibchen 11
Weihnachtsstern 58
Wesen 10, 12
Wildtier 11
Winterschlaf 44, 95
Wirbelsäulenbruch **78**
Wurf
-nest 86
-stärke 11

Zahnanomalien 74
Zähne 98
Zähnewetzen 101
Zimmerpflanzen, giftige 58
Zucht 82 – 91
–, Probleme der 82
-reife 11
Zwerghamster 9, 13
–, Kurzschwänzige 34
–, Langschwänzige 34
Zykluslänge 11

Um so große Brocken zu transportieren, werden Zähnchen und Vorderpfoten zu Hilfe genommen,

Adressen, die weiterhelfen

Bundesarbeitsgruppe Kleintiersäuger,
Auskunft gibt Herr Klaus Rudloff,
Tierpark Berlin Friedrichsfelde,
Am Tierpark 125,
D-10307 Berlin
oder Frau Anjali Gutleber,
Landshuter Str. 36,
D-84187 Wenghörmannsdorf.

Bundesverband für fachgerechten Natur- und Artenschutz e.V. (BNA),
Am Friedhof 4,
D-76707 Hambrücken
Hinweis: Dachverband der Vereine und Verbände der privaten Tierhalter. Vertritt deren Interessen unter anderem bei Belangen der Artenschutzgesetzgebung.

Fragen zur Hamsterhaltung beantworten auch

Ihr Zoofachhändler und der Zentralverband Zoologischer Fachbetriebe Deutschlands e.V.,
D-63225 Langen,
Tel.: 06103/ 910732 (nur telefonische Auskunft möglich).

Bücher, die weiterhelfen

Gabrisch, K. und Zwart P.: *Krankheiten der Heimtiere*. Schlütersche Verlagsanstalt, Hannover.

Hollmann, P.: *Mein Hamster und ich*. Gräfe und Unzer Verlag, München.

Isenbügel, E. und Frank W.: *Heimtierkrankheiten*. Eugen Ulmer Verlag, Stuttgart.

Sambraus H. H. und Steiger A.: *Das Buch vom Tierschutz*. Enke Verlag, Stuttgart.

Zeitschriften, die weiterhelfen

Hamster & Co,
Branchen Fachverlag Ulrich,
Häuserweg 2-4,
D-36211 Alheim.

Ein Herz für Tiere.
GongVerlag,
Nordendstr. 64
80801 München.

Der Autor

Dr. med. vet. Peter Holllmann hat an der LMU München Veterinärmedizin studiert und ist Fachtierarzt für Fortpflanzung. Im Landkreis Bad Tölz-Wolfratshausen führt er seit 1971 eine Tierärztliche Klinik, in der er sich vor allem der verschiedenen Heimtiere annimmt. Seit frühester Jugend gehört seine besondere Liebe den kleinen Nagern, und er engagiert sich für deren artgemäße und verhaltensgerechte Haltung im Sinne des Tierschutzgesetzes. Einem breiteren Publikum wurde er durch zahlreiche Publikationen, Fortbildungsveranstaltungen sowie Rundfunk- und Fernsehbeiträge bekannt.

Die Fotografin

Die Fotos in diesem Buch stammen von Karin Skogstad, mit Ausnahme von:
Hollmann: Seite 78, 79, 114, 117;
Reinhard: Seite 36 o., 37 o. li., o. re, 38 o. li, o. re., 39 o. li., 40 o. li, o. re, 41 o., 82;
Wegler: Seite 95.
Karin Skogstad arbeitet seit 1979 als freie Journalistin und Fotografin. Ihre Spezialgebiete sind Tiere und Pflanzen.

Die Zeichnerin

Renate Holzner arbeitet als freie Illustratorin in Regensburg. Ihr breites Repertoire reicht von Strichzeichnungen über fotorealistische Illustrationen bis hin zur Computergrafik.

Die Fotos auf dem Buchumschlag und im Innenteil:

Umschlagvorderseite: Goldhamster (großes Foto); Roborowski-Zwerghamster (kleines Foto).
Seite 2/3: Solch ein Tongefäß gibt ein herrliches Versteck für Hamster ab.
Seite 6/7: Neugierig wird alles erkundet, was hohl ist und Deckung verspricht.
Seite 42/43: Vorsicht, daß der Hamster nicht abstürzt. Auf diese Weise sind schon viele Hamster, die als Heimtiere gehalten wurden, ums Leben gekommen.
Seite 92/93: Dieser Albino-Hamster putzt sich ausgiebig nach seinem ausgedehnten Schlaf.
Umschlagrückseite: Frische Kräuter schmecken dem Hamster (Freisteller); Schecken-Goldhamster und Teddyhamster (Foto oben); Hamster bauen ihr Nest (Foto Mitte); Schecken-Goldhamster (Foto unten).

Dank

Autor und Verlag danken Herrn Reinhard Hahn für den Beitrag »Rechtsfragen zur Hamsterhaltung«.

Impressum

© 1998 Gräfe und Unzer Verlag GmbH, München.
Unveränderte Nachauflage der 1. Auflage.
Alle Rechte vorbehalten.
Nachdruck, auch auszugsweise, sowie Verbreitung durch Film, Funk, Fernsehen und Internet, durch fotomechanische Wiedergabe, Tonträger und Datenverarbeitungssysteme jeder Art nur mit schriftlicher Genehmigung des Verlages.

Redaktion: Gabriele Linke-Grün, Anita Zellner
Umschlaggestaltung und Layout: Heinz Kraxenberger
Zeichnungen: Renate Holzner
Herstellung: Heide Blut/Verena Römer
Satz: Heide Blut
Reproduktion: Penta Repro
Druck und Bindung: Appl

ISBN 3-7742-5093-6

Auflage	4.	3.	2.	1.
Jahr	03	02	01	2000

Wichtige Hinweise

Zeigen sich bei Ihrem Hamster Krankheitsanzeichen (→ Seite 74 und 75), sollten Sie unbedingt einen Tierarzt zu Rate ziehen.
Einige Krankheiten sind auch auf den Menschen übertragbar und könngen für ihn gefährlich werden (→ Seite 76 bis 79). Gehen Sie im Zweifelsfall selbst zum Arzt, auch wenn Sie von Ihrem Hamster gebissen wurden.
Es gibt Menschen, die allergisch auf Tierhaare reagieren. Wenn Sie sich nicht sicher sind, fragen Sie Ihren Arzt vor der Anschaffung des Hamsters.

Das Hamster-Ratespiel (hintere Buchklappe) Auflösung

1a (→ *Nagematerial, Seite 68*).

2a (→ *Zum Thema Laufrad, Seite 115*)

3a (→ *Tabelle, »Die körperliche Entwicklung der Jungtiere«, Seite 91*).

4a (→ *Seine Lebensweise in der Natur, Seite 94 und 95*).

5a (→ *Fotos, Seite 15 und 45*).

6b (→ *So pflegt sich der Hamster, Seite 70*).

7b (→ *Ein Tier zum Beobachten, Seite 13 und 14*).

8b (→ *Einzel- oder Paarhaltung, Seite 18 bis 21*).

9b (→ *Körpersprache und Lautsprache, Seite 100 und 101*).

Trockenfrüchte für kleine Nager gehören seit langem zum Angebot des Zoofachhandels.

Das Hamster-Ratespiel

Hier kannst du testen, wieviel du bereits über deinen Hamster weißt. Kreuze bei jedem Bild die richtige Antwort an. Die Auflösung findest du auf Seite 127.

Da tut sich etwas Aufregendes. Mal schauen, was los ist!

1
- ☐ ***a) Hamster knacken Nüsse.***
- ☐ ***b) Nußschalen sind zu hart.***

2
- ☐ ***a) Hamster brauchen nicht unbedingt ein Laufrad, wenn sie Freilauf bekommen.***
- ☐ ***b) Sie brauchen immer ein Laufrad, damit sie genug Bewegung haben.***

Drollige »Nachtschwärmer«

Sein mollig warm ausgepolstertes Schlafnest verläßt der Hamster zwar erst gegen Abend, aber dann entpuppt er sich als putzmunterer Geselle. Eifrig durchstöbert er sein Futterschälchen und was er nicht sofort aufessen kann, wird als Vorrat für »schlechte Zeiten« ins Häuschen gebracht. Bis zu 18 Gramm Nahrung kann ein Goldhamster in seinen Backentaschen transportieren, die er dann geschickt mit Hilfe der Vorderpfötchen aus den Backen herausstreicht. In der Natur muß ein Hamster weite Stecken zurücklegen, um ausreichend Nahrung zu finden. Deshalb braucht er auch als Heimtier viel Bewegung. Hamster klettern gern, beschnuppern und erkunden mit Vorliebe alles Neue, kriechen durch Röhren oder buddeln im Laub. Schnell ist die Nacht vorbei, der »Nachtschwärmer« verschwindet in seinem gemütlichen Nest und möchte ab sofort nicht mehr gestört werden.

Die Fellpflege ist eine wichtige Sache. Auch das Gesicht muß gründlich »gewaschen« werden.